IT 융합과학기술

장승주 著

 21세기사

PREFACE

　세계는 산업 혁명이래로 인간 생활의 편의를 위한 기술이 끊임없이 개발되고 있다. 과거에는 단순히 먹고 사는 농업 중심 사회였다면 지금은 정보화 사회라고 할 수 있다. 정보화 기술이 없이 우리는 하루도 살아갈 수 없게 되었다. 특히 인터넷 기술이 급속도로 발전하면서 지리적으로 떨어진 사람간에 실시간 정보 교환이 가능하게 되었다. 특히 최근에는 스마트 폰의 급속한 보급으로 무선 인터넷 기술이 발전하고 있다. 이러한 정보 기술의 발전은 기존의 학문 간의 경계를 허물어 버리는 현상이 발생하고 있다. 이것이 IT 융합 기술이다.

　융합기술(converging technology)에 대한 최초의 논의는 MIT 미디어랩의 네그로폰테(Nicholas Negroponte) 교수에 의해 이루어졌다.

　그는 1979년에 디지털 기술의 발전으로 각종 기술과 서비스가 하나로 융합되는 현상을 디지털 융합(digital convergence)이라 불렀다. 이어 미국의 국립과학재단에서 2002년에 발간된 『인간 능력의 향상을 위한 융합기술(Converging Technologies for Improving Human Performance)』이란 보고서는 나노기술, 생명공학기술, 정보기술, 인지과학의 결합, 즉 NBIC(Nanotechnology, Biotechnology, Information Technology, and Cognitive Science)에 주목했다.

　영역을 넘나드는 기술 간 융합은 21세기의 성장 동력이자 다종다양한 분야의 상상력, 창조성의 원동력으로서 지식과 기술, 산업의 지도를 바꾸어 가고 있다. 모든 융합의 담론과 통섭 논의의 궁극적 목적은 IT 기술을 다양한 학문 분야와 융합해 인간의 삶을 윤택하게 하고 산업을 고도화하는 것이라 할 수 있다. 인간이 생활에서 더욱 편리함을 추구하려 할 때 인간은 그 편리함을 현실화하기 위해 발명을 한다.

이 책은 이러한 시대적인 요구에 따라 IT 융합 과학 기술에 대해서 설명한다. 책의 내용은 총 7장으로 구성되어 있다.

1장은 ICT 융합 과학 기술에 대해서 소개하였고,

2장은 방송통신융합 기술에 대해서 소개하였다.

3장은 그린 IT 기술에 대해서 소개하였고,

4장은 스마트 그리드 기술에 대해서 소개하였다.

5장은 클라우드 컴퓨팅 기술에 대해서 소개하였다.

6장은 건설과 IT 융합 기술에 대해서 소개하였다.

7장은 콘텐츠와 IT 융합 기술에 대해서 소개하였다.

그리고, 이책에서 소개하지 않은 조선과 IT 융합 기술, IoT 관련 융합 기술, IT 기술과 자동차 관련 기술 등 IT 융합 기술들이 많이 있다. 이러한 부분은 다음 책 교정시에 추가할 계획이다.

마지막으로 이책의 출판을 허락하여 주신 21세기사 이범만 사장님과 편집 및 교정에 노고를 아끼지 않으신 출판사 직원들에게 감사드립니다.

또한, 이 책에 필요한 자료를 정리하는데 도움을 준 동의대학교 컴퓨터공학과 운영체제 연구실 대학원생 및 학부 학생들에게도 고마움을 전합니다.

2015. 5월
부산 동의대학교 정보공학관 연구실에서

CONTENTS

ICT 융합 과학 기술

융합과학(融合科學)은 과학, 기술 및 인문사회과학 등의 세분화된 학문들의 결합, 통합 및 응용을 통하여 만들어진 새로운 과학 분야를 말한다.

20세기 중엽부터 21세기에 이르러 학문과 기술의 수렴 및 융합의 흐름이 전개되었다. 융합과학은 인문학, 사회과학, 예술, 공학, 과학 및 문화의 여러 영역들을 동일한 창조와 융합의 정신, 원리로 탐구하여 인간의 삶 뿐 만 아니라 인간성의 향상을 목적으로 한다. 융합과학은 나뉘어 있던 자연의 지식 영역들의 경계에 따라 각 학문을 개별적으로 연구하지 않는다.

자연이라는 하나의 대상을 각 학문이 개별적인 특성은 유지하되 각각의 요소를 모두 고려하여 통합적인 탐구를 이루어낸다. 융합과학은 융합과학기술, 학제 간 과학, 통섭 등으로 나눌 수 있다.

융합과학기술은 각각의 기술이 하나의 목표를 이루기 위해 융합되어 연구하는 것을 말한다. 하지만, 여러 기술이 합쳐져 융합기술이 문제를 해결하고 난 후에도 각각의 분야가 없어지거나 흡수되지 않고 독립적으로 남아 있는 경우를 융합과학기술이라고 한다. 즉, 융합과학기술은 전문분야의 병렬적 관점으로 생각할 수 있으며 지식과 정보의 확대를 통한 학문간 교류라고 말할 수 있다.

각각의 팀에서 구성원은 통합한다기보다 역할을 구분하여 수행하고 각각 따로 보고서를 제출하게 된다.

1.1 ICT 융합 과학 기술 개론

ICT(Information Communication Technology) 융합 과학 기술에서 융합이란 단어는 영어로 Converging Technology 즉, '수렴 중인 기술'이란 의미로서 독립적으로 존재하던 기술들이 결합되어 보다 더 큰 가치를 만들어 내는 신기술을 의미한다. 융합의 대상이 되는 기술은 반드시 신기술일 필요는 없고 이미 존재하는 기술일 수도 있다.

1.1.1 ICT 융합 과학 기술의 정의

ICT 융합기술에 대한 정의는 국가에 따라 다음과 같이 조금씩 다르다.

- **미국**: NT (Nano-Technology, 나노기술), BT (Bio-Technology, 생명기술), IT (Information Technology, 정보기술), 그리고 CS (Cognitive Science, 인지과학) 등 기술의 융합 중심, 이를 NBIC 기술 융합이라고 한다.
- **EU**: 미국이 고려하는 NBIC 외에도 사회과학, 문화인류학, 철학 등의 융합을 말한다.
- **한국**: NBIC를 중심으로 인문사회, 문화, 예술 등의 융합을 말한다.

일반적으로 ICT 융합은 콘텐츠, 컴퓨터, 네트워크를 바탕으로 해서 인간과 사물, 가상 공간에서의 융합 기술을 말한다. 이것은 NT, BT, IT기술이 접목되어 새로운 기술로 확장되는 것을 말한다.

1.1.2 ICT 융합 과학 기술의 개념

다음 그림은 ICT를 중심으로 한 융합 과학에 대한 그림을 보여준다.

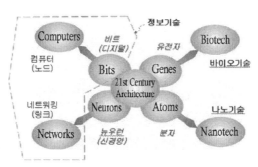

(출처: Converging Tech for Improving Human Performance, 2002)

(a) IT, BT, NT융합 개념도

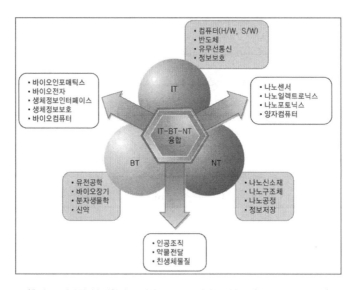

(출처 : 국가과학기술위원회, 유비쿼터스 개론 개념과 기술, 정찬종, 손병희, 2009.)

(b) IT, BT, NT 융합 세부 분야
〈그림 1-1〉 IT 융합 분야

융합 기술은 이종 기술간의 융합을 통해서 새로운 제품, 서비스를 창출하는 것을 말한다. IT/NT, IT/BT 분야 등을 중심으로 융합 기술의 개발은 활발히 진행이 되고 지속적으로 이루어질 전망이다. 〈그림 1-2〉는 융합 기술을 통한 미래 사회의 발전 모습을 보여주고 있다.

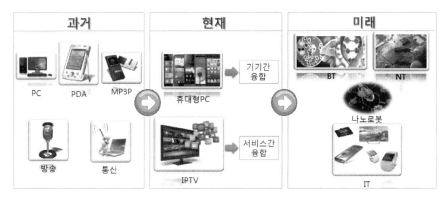

〈그림 1-2〉 IT 융합 기술의 발전 모습

위 〈그림 1-2〉에서 보는바와 같이 과거의 ICT 기술은 PC, PDA, MP3, 방송, 통신 등의 장비를 이용한 환경이었다. 현재 ICT 기술은 과거 ICT 기술에서 융합 기술을 접목하여 휴대형 PC, IPTV 등을 사용하게 되었다. 기술 간의 융합의 결과라고 할 수 있다. 그럼, 미래의 모습은 어떨까 ? BT, NT, IT기술을 접목하여 지금과는 전혀 다른 새로운 기술이 등장하게 될 것이다.

ICT 기술은 주로 컴퓨터를 이용한 정보기술을 통칭하는데 요즘에는 컴퓨터 통신을 포함한 다양한 정보 처리 기술을 포함한다. BT 기술은 생명현상을 유지하는 생체나 생체 유래물질 또는 생물학적 시스템을 이용하여 산업적으로 유용한 제품을 제조하거나 공정을 개선하기위한 기술이다.

NT 기술은 물질을 원자나 분자크기의 수준에서 조작하여 분석하고 이를 제어할 수 있는 과학기술이다.

기술적인 측면의 IT 융합은 서로 다른 기술 요소들이 결합되어 개별 기술 요소들의 특징들을 살려 IT, BT, NT의 기술간 융합이 그 중심을 이룬다.

산업적인 측면의 IT 융합은 타 산업 기술이 기존 산업의 요구를 만족시킬 수 있는 유사성을 가지게 되면서 형성되었다. 산업 내 융합(DVD, MP3등), 산업간 융합(텔레뱅킹, 인터넷쇼핑 등) 등으로 구별된다. 아래 그림은 IT, BT, NT 기술의 융합 추세를 나타낸 것이다.

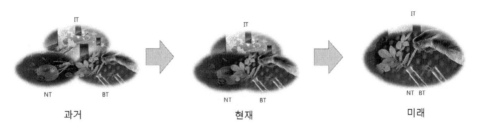

〈그림 1-3〉 IT 융합 과학 기술의 흐름

위 〈그림 1-3〉에서와 같이 과거에는 BT, NT, IT 기술이 느슨하게 연결되어 있었다. 하지만 현재는 이러한 기술들이 보다 더 유기적으로 융합되는 추세로 가고 있다. 미래에는 이 기술들이 보다 강하게 연결되어 이 기술들 간의 경계가 없어지고 하나로 통합되는 흐름으로 갈 것이다.

이러한 BT, NT, IT 기술 간의 융합이외에도 기존의 기술과 ICT기술과의 융합 기술로 발전되고 있는 분야가 많다. 스마트 자동차, 스마트 그리드, 방송과 통신의 경계가 허물어지는 현상, 그린 IT 기술, 건설 분야에 IT기술의 접목 등이 있다. 또한, 최근에는 사물 인터넷이라는 분야에 대한 기술이 급속도로 발전하고 있다.

이처럼 기존의 전통 기술과 IT 기술과의 융합 형태로 다양한 형태가 존재한다. 예를 들면 IT/BT융합 기술은 기존의 정보기술을 바이오 기술과 접목하여 생물학적인 원리와 특성을 활용한 새로운 IT제품이나 서비스를 창출하는 기술이다. 이러한 기술의 예로 아래와 같은 것들이 있다.

- 바이오 센서칩
- 바이오 인포매틱스
- 바이오 컴퓨터
- 생체인식/보호
- 휴먼 인터페이스

이러한 기존 기술 간에 합쳐지는 현상에 대해서 다음과 같이 설명하는 경우도 있다.

(1) 기술복합화

개별 요소기술들의 물리적인 결합으로 기존산업의 한계를 극복해 나가는 과정에서 일어나는 공동 기술 혁신 현상을 말한다.

(2) 기술융합화

기술들 간에 화학적 결합으로 인해 개별 요소 기술들의 특성이 상실되면서 전혀 새로운 특성을 갖는 혁신적 기술이 창출 되는 현상을 말한다.

본 교재는 이러한 ICT 융합 과학 기술에 대한 개념을 바탕으로 세부적인 융합 기술 분야에 대해서 자세히 살펴보기로 한다. 세부적인 융합 기술 분야로는 방송/통신 융합, 그린 IT, 스마트 그리드, 클라우드 컴퓨팅, 스마트 자동차, 건설 IT, 3D 콘텐츠 등이 있다.

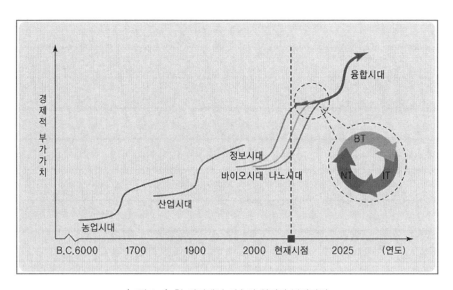

〈그림 1-4〉 현 시점에서 기술의 위치와 부가가치

〈그림 1-4〉는 농업 사회에서 현 시점의 정보화 시대를 거처 미래의 융합 시대로 넘어가는 과정을 보여주고 있다. 농업 사회의 경우 부가가치가 그리

크지 않은 산업이 주류를 이루고 있다. 정보화 사회가 되면서 고부가가치 기술의 개발로 인간 생활을 편리하게 해주고 있다. 현재의 정보화 사회는 다시 융합 기술 시대로 넘어가고 있는 단계이다. 융합 기술 시대는 바이오 기술, 나노 기술과 정보 통신 기술이 접목되어 새로운 가치 창출 기술을 만들어 내는 시대라고 할 수 있다.

다음 〈그림 1-5〉는 ICT 산업간 융합 기술의 흐름도를 나타낸다.

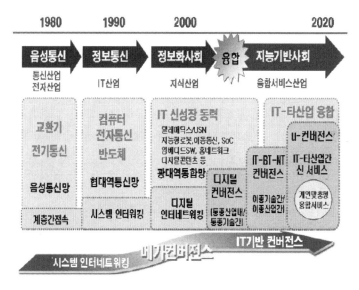

〈그림 1-5〉 IT 기술 융합 기술의 흐름도

1980년대는 음성통신시대로 교환기 등을 통해서 음성통신을 주로 하던 시대이다. 이 시기는 음성 통신망이 주로 사용되던 시대로 융합이라고 할 수 있는 기술이 그리 많다고 할 수 없다. 1990년대는 정보통신 시대로 IT산업이 활발하게 발전을 하는 시기이다. 반도체 기술의 비약적인 발전으로 인하여 고성능 컴퓨터의 등장으로 개인들도 빠른 데이터 처리용 컴퓨터를 소장할 수 있게 되었다. 2000년대는 정보화 사회로 IT 산업을 기반으로 한 지식 산업이 발전하게 된다. 유비쿼터스 환경을 위한 센서 기술, 지능형 로봇 기술, 임베디드 SW 기술, 홈네트워크 기술, 디지털 콘텐츠 기술 등이 발전하게 된다. 각 나라는 새로운 기술의 변화에 따른 신 성장 동력 산업으로 IT기술을 육성 발전시키게 된다.

2000년대 정보화 사회가 되면서 타 산업 분야 또는 동종 산업 분야 간 연결되는 융합 현상이 일어나기 시작하게 된다. 처음에는 동종 기술간, 동종 산업 간에 융합이 일어나게 된다. 이것이 발전하면서 이종 기술간, 이종 산업 간에 융합이 일어나게 된다. 특히, IT-BT-NT 간에 융합이 두드러지게 일어나게 된다. 이러한 흐름은 앞으로 융합 기술을 통하여 새로운 신산업이 등장 할 것으로 예상된다.

이러한 IT 융합 기술의 흐름을 산업별 묶음을 기준으로 표시하면 〈그림 1-6〉과 같다.

〈그림 1-6〉은 산업별 IT 융합화 형태를 보여준다. IT 기술을 중심으로 기존의 의료, 항공, 자동차, 건설, 섬유, 조선, 국방, 교육등의 분야와 연결을 시도하고 있다. 이러한 연결을 통해서 새로운 융합 기술이 등장하고 있다.

〈그림 1-6〉 산업별 IT 융합화

    〈그림 1-7〉은 15대 국가 융합 전략 기술 분야를 나타낸다. 15대 국가 융합 전략 기술 분야에서 4대 기반 기술 분야는 정보기술, 바이오기술, 나노기술, 인지과학기술이다. 이 기술을 바탕으로 해서 15대 중점 융합 기술이 도출된 것이다. 그리고 이러한 기술은 경제성장과 국민 행복을 위한 기술 개발에 초점을 맞추고 있다.

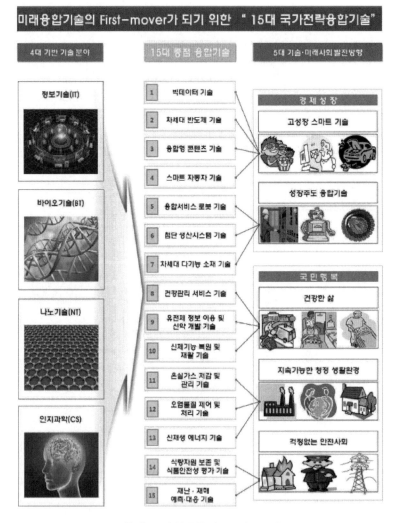

<출처> : 주간기술동향. 제1612호 (2013.9.4)

〈그림 1-7〉 15대 국가 융합 전략 기술 분야

1.2 ICT 융합 기술의 응용 사례

ICT가 타부문과 융합한다는 것은 다양한 의미로 해석이 가능하지만, '융합'을 크게 다음과 같이 구분할 수 있다.

- 제품 차원에서의 융합
- 서비스 차원에서의 융합
- 산업 차원에서의 융합

먼저, 제품 차원에서의 융합은 기존 제품에 ICT적 기능이 접목되고 강화됨에 따라 기존 제품의 성능이 비약적으로 확대되거나, 새로운 제품 카테고리를 형성하는 것을 의미한다. 단위제품 수준의 융합 측면에서는 하드웨어 제어 능력과 소프트웨어 융합 능력이 결합되어야 경쟁력을 확보할 수 있다는 점이 중요하다.

서비스 차원이나 산업 차원에서의 융합분야로 자동차, 선박, 가전, 의료기기, 로봇 등 수 많은 제품이 마이크로프로세서로 제어되고 마이크로프로세서 위에 컴퓨터 SW가 탑재되게 된다. 즉, 이들 제품에서 다수의 소프트웨어 프로그램이 작동되게 된다.

이에 따라 스스로 운항하는 여객기, 대형 선박, 자동차 등 주변 상황을 능동적으로 파악하고 문제를 스스로 해결하는 지능화가 가능해지고 있다.

초정밀 의료기기, 자동차, 로봇 등 하드웨어는 이를 운영하기 위한 운영체제와 애플리케이션이 중요하므로 중소 ICT 벤처가 주도하는 미래 신 시장 창출이 가능할 전망이다.

혁신적인 새로운 기술은 전통적인 기술과 다른 분야의 기술과의 융합에 의하여 이루어지는 경우가 많다. ICT 기반의 융합 현상에서 우리나라 산업의 경쟁력 강화와 관련하여 특기할 만한 사례를 중심으로 살펴보도록 한다.

1.2.1 방송/통신 융합 사례

디지털기술의 발전에 따라 콘텐츠, 네트워크, 단말기 등이 융합되는 디지털 컨버전스 현상이 확산되고 있다. 대표적인 디지털 컨버전스의 사례가 방송과 통신의 융합이다. 방송·통신 융합의 대표적 서비스인 IPTV(Internet Protocol TV)는 다양한 양방향 콘텐츠를 실시간, 주문형(VOD : Video On Demand)으로 송·수신하는 서비스로, 품질 보장형 통합 네트워크인 광대역 통합망을 기반으로 활성화될 전망이다.

이러한 방송·통신을 하기 위해서는 새로운 표준 규격등이 필요하게 된다. 방송통신 융합 공공 서비스 표준 플랫폼 규격은 국내외 IPTV 서비스 표준화를 따르도록 하고 있다. 재난방송 및 자막방송 규격 등 공공서비스 제공을 위해 새롭게 도출된 규격은 국내외 표준화 요구사항으로 제안함으로써 국내 IPTV 서비스 산업 활성화에 기여할 수 있다. 국민에게 익숙한 TV 매체를 통해 공공 서비스를 보다 편리하게 제공하며, 방송과 양방향 데이터를 복합적으로 제공함으로써 공공 서비스의 수준을 획기적으로 향상시킬 수 있다.

또한, 서비스 모델을 발굴하고 서비스 제공기관(정부·공공기관), 제조업체, 솔루션업체 등이 공동으로 컨소시엄에 참여함으로써 실질적인 IPTV 서비스 제공을 위한 기술적 검증을 수행하기 위한 시범사업을 추진하고 있다.

1.2.2 그린 IT 기술 융합 사례

먼저 그린 IT 기술에 대한 정의를 살펴보면 다음과 같다.

> **그린 IT 기술 정의**
>
> 그린 IT는 에너지 절약과 환경 오염 및 지구 온난화를 포함한 환경 문제에 적극적으로 대응하면서 지속적인 부가가치와 생산성 향상을 얻고자 하는 IT 산업의 친환경 활동이다. OECD에서는 그린 IT의 정의에 대해서 환경 부담이 낮은 ICT 기술과 사회의 환경 영향력을 완화하는 촉진자로 사용하는 ICT 기술이라고 정의하고 있다.

그린 IT는 본래 IT 제조업에서의 친환경 활동을 의미한다. 그러나 최근에는 IT 서비스업의 에너지 절감 활동 등을 포함하여 이산화탄소 배출을 줄이는 모든 기술 분야로 이슈가 확대되고 있다. 그린 IT는 환경 친화, 성능 개선, 경제성 달성이라는 세 가지 목표를 함께 달성하는 에너지 절약 기술이다.

(1) IT 산업의 그린화 필요성

21세기 모든 산업의 친환경 및 에너지 효율화는 필수적인 사항이다.

매우 빠른 속도로 발전화고 있는 IT 산업의 그린화 및 친환경화도 더 이상 선택의 문제가 아니다. IT 산업의 그린화에 따른 효과를 정리하면 다음과 같다.

① 에너지 절감으로 인한 비용 절약

- IT 기기의 성능을 향상시키는 동시에 에너지를 절감하도록 함으로써 생산성을 향상시킬 수 있다.
- PC 전력 관리 S/W를 도입함으로써 컴퓨터 사용 전력의 10%이상 절감 가능하다.
- 저 전력 CPU, 고효율 파워 서플라이를 사용하면 사용 전력을 절감할 수 있다.

② 석유 및 원자재 가격의 상승에 대한 부담 완화

※ 2005년 이후 국제유가 및 원자재 가격이 급등하였으므로, IT 산업의 제조 원가에서 에너지 비용이 차지하는 비율이 점차 늘어나고 있다.

(2) IT 제조업의 그린화

IT 제조업의 그린화는 유해물질 규제와 에코 디자인에 역점을 두고 있다. IT 제조업의 경우 제품 및 기기의 친환경 설계와 제품 라이프 사이클의 전과정에서 환경성을 평가하는 라이프 사이클 평가(LCA : Life Cycle Assessment)를 고려해야 한다.

(3) IT 서비스업의 그린화

IT 기술을 사용하여 서비스를 제공하는 산업군이 IT 서비스업이다.

대표적인 IT 서비스업은 SI 산업, 통신 서비스산업, S/W 산업으로서 무공해 산업이라고 생각되어 왔다. 하지만 최근 IT 서비스업의 에너지 소비가 증가하면서 친환경 IT 서비스 산업의 에너지 절감이 강조되고 있다. IT 서비스업의 그린화는 에너지 소비절약에 역점을 두고 있다.

1.2.3 스마트 그리드(Smart Grid)

스마트 그리드 정의

스마트 그리드란 기존의 전력망에 정보기술(IT)을 접목하여 전력 공급자와 소비자가 양방향으로 실시간 정보를 교환함으로써 에너지 효율을 최적화하는 차세대 지능형 전력망이다.

먼저 스마트 그리드에 대한 정의를 살펴보도록 한다.

스마트 그리드는 기존의 전력망에 정보기술(IT)을 접목하여 전력 공급자와 소비자가 양방향으로 실시간 정보를 교환함으로써 에너지 효율을 최적화하는 차세대 지능형 전력망이다. '발전(發電)-송전·배전-판매'의 단계로 이루어지던 기존의 단방향 전력망에 정보통신 기술을 접목하여 전력 공급자와 소비자가 양방향으로 실시간 정보를 교환함으로써 에너지 효율을 최적화하는 '지능형 전력망'을 가리킨다. 발전소와 송전·배전 시설과 전력 소비자를 정보 통신망으로 연결하고 양방향으로 공유하는 정보를 통하여 전력시스템 전체가 효율적으로 작동하는 것이 기본 개념이다.

스마트 그리드 기술을 활용하여 전력 공급자는 전력 사용 현황을 실시간으로 파악하여 공급량을 탄력적으로 조절할 수 있다. 전력 소비자는 전력 사용 현황을 실시간으로 파악함으로써 이에 맞게 요금이 비싼 시간대를 피하여 사용 시간과 사용량을 조절할 수 있으며, 태양광 발전이나 연료전지, 전기 자동차의 전기에너지 등 가정에서 생산되는 전기를 판매할 수도 있다.

1.2.4 스마트 자동차(Smart Automobile)

스마트 자동차는 첨단의 컴퓨터·통신·측정기술 등을 이용하여 자동으로 운행할 수 있는 차량을 말한다. 즉, 자동차에 장착된 지구 위치 측정 위성 시스템(GPS, Global Positioning System) 수신기로 정확한 위도와 경도를 통보받아 계기판에 정밀한 지도를 제시하고, 현 위치에서 목적지까지 가장 효율적으로 가도록 해 주는 차량이다. 또한, 지리정보 데이터베이스에서 정보를 인출하여 해당 지역의 역사나 특산품, 호텔 등의 위치도 알려 준다.

그러나 스마트 자동차를 이용한 자동운행이 실현되려면 센서나 비디오 카메라, 가속도 측정 장치 등 첨단 장비에 대한 비용 문제가 해결되어야 한다.

스마트 자동차는 다양한 산업과 임베디드 SW의 융합을 통해 스마트 자동차가 더욱 많은 기능과 편의를 제공할 수 있도록 빠른 속도로 발전하고 있다. 최근 스마트 자동차는 기계 중심으로 발전해 온 자동차 기술에 차세대 전기 전자, 정보통신, 지능제어 등의 기술을 접목, 자동차 주변과 차량 내 장치들의 정보를 실시간으로 수집하여 안전성을 증가시키고, 다양한 편의 기능을 추가한 환경 친화적인 차량으로 진화하고 있다. 가까운 미래에 자율주행이 가능한 무인자동차로 발전할 것으로 전망된다. 스마트 자동차 기술의 구성 요소 및 영역은 아래 〈그림 1-8〉과 같다.

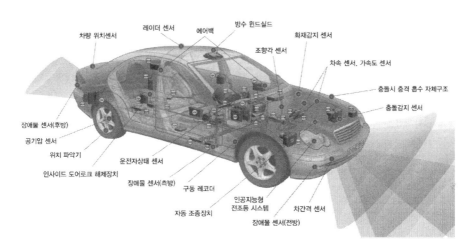

출처: MDS테크놀로지 구성(2014년)

〈그림 1-8〉 IT기술을 융합한 스마트 자동차

그리고 최근에는 자동차에 IT기술을 접목한 무인자동차에 대한 연구를 활발히 하고 있다. 무인자동차는 운전자의 조작 없이 자동차 스스로 주행 환경을 인식하여 목표 지점까지 운행할 수 있는 자동차이다. 로봇 및 컴퓨터공학, GPS, 정밀 센서, 전자제어 등 첨단 기술의 발전에 힘입어 활발히 개발 중이다. 무인자동차는 일반용뿐만 아니라 장애인을 위한 보조수단, 군사용, 화물 운송을 비롯하여 광범위한 분야에서 사용될 전망이다.

그러나 무인 자동차에 탑재되는 각종 부품들의 가격과 도로 및 관련 인프라 구축에는 장기간의 시일이 소요될 것이다. 또 아직까지는 복잡한 도심 주행과 톨게이트 결제 문제 등을 해결해야 하고, 무인자동차들끼리 의사소통 방법이 관건이기 때문에 상용화까지는 상당한 시간이 필요하다.

〈표 1-1〉 무인자동차 핵심 기술

기술	내용
무인자동차 시스템 및 관련 SW, HW기술	• 실험실 내의 시뮬레이션뿐만 아니라, 실제로 무인자동차 시스템을 구축 • 구동장치인 가속기, 감속기 및 조향장치 등을 무인화 운행에 맞도록 구현하고, 무인자동차에 장착된 컴퓨터, SW 및 HW를 이용하여 제어가 가능하도록 함
비전 및 센서를 이용한 시각정보의 입력 및 처리장치	• 무인화 운행을 위한 자율주행의 기본이 되는 것으로서 영상정보를 받아들이고, 이 받아들인 영상 중에서 필요한 정보를 추출해 내는 기술 • CCD 카메라뿐만 아니라 초음파 센서 및 레인지 필더 등의 여러 가지 센서를 사용하여 거리 및 주행에 필요한 정보를 복합적으로 융합한 후, 분석 및 처리하여 장애물 회피와 돌발 상황에 대처함
무인화 운행에 적합한 조향 알고리즘 개발	• 차량의 운행경로를 최종적으로 결정하는 요소인 조향은 차량의 동적 거동 및 특성과도 밀접한 연관이 있음 • 무인 자동차가 주어진 경로를 안정적으로 추종하면서 경로 오차를 최소화하는 효과적인 조향 알고리즘을 개발
통합관제 시스템과 운행감시 고장진단 체계	• 무인자동차 내에서 각각의 모듈화된 센서, 프로세서, 엑추에이터들을 주어진 수행목표의 성공적인 달성을 위해 전체적으로 운용하는 통합 과제시스템을 개발 • 차량의 운행을 감시하고 수시로 바뀌게 되는 상황에 따라 적절한 명령을 내리는 운행감시체계를 개발하고, 개별적인 프로세서 및 센서에서 발생되는 여러 가지 상황을 분석하여 시스템의 고장진단과 오퍼레이터에 적절한 정보를 제공하거나 경보를 알리는 기능을 수행
지능제어 및 지능운행 장치	• 무인운행기법으로 실제로 차량모델을 이용한 수학적인 해석에 근거하여 제어명령을 생성하는 것이 아니라, 신경회로망을 사용하여 숙련된 운전자의 운전방식을 학습함으로써 복잡한 모델링 없이 실시간으로 제어명령을 내릴 수 있음

현재 적용되고 있는 무인자동차 관련 기술들은 지능형 순항제어(Adaptive Cruise Control : ACC), 차선이탈방지(LDD), 주차 보조(Park Assist), 자동주차(Remote Park Assist), 사각지대 정보안내(Blind Spot Information System: BLIS) 등이 있다.

지능형 순항제어는 레이더 가이드 기술에 기반을 두고, 운전자가 페달 조작을 하지 않아도 스스로 속도를 조절하여 앞차 또는 장애물과의 거리를 유지시켜 주는 시스템이다. 운전자가 앞차와의 거리를 입력하면 자동차 전면에 부착된 장거리 레이더가 앞차의 위치를 탐지하여 일정속도를 유지하거나 감속, 가속하고, 필요한 경우 완전 정지하여, 안개 속에서 운전할 때 매우 유용하다.

차선 이탈 방지는 의도하지 않은 차선 이탈 상황을 감지하여 운전자에게 알려주는 시스템으로 내부에 달린 카메라가 차선을 감지한다.

무인자동차에서는 차선을 감지하고 도보와 중앙선을 구분하여 자동차가 차선을 따라 안전하게 움직이는데 사용된다.

주차 보조는 후진 일렬주차를 도와주는 시스템으로 운전자가 어시스트 버튼을 탐색한 후 후진기어를 넣고 브레이크 페달을 밟으면 자동차가 스티어링을 조절하여 후진 일렬주차를 해준다. 차량 장착형 센서뿐만 아니라, 인프라 등을 기반으로 출발지에서 주차공간까지 차량을 자동으로 유도하는 것으로 주차 시 불필요하게 소모되는 시간과 에너지를 절약함으로써 소요 비용과 환경 오염을 최소화하여 쾌적하고 안전하면서도 편리성을 향상시킨다.

무인자동차가 이 기술을 사용하면 길가에 스스로 일렬주차 할 수 있다.

〈표 1-2〉 무인자동차 관련 프로젝트

프로젝트명	내용
CyCab	• 미래형 자동차 프로젝트의 첫 번째 프로토타입으로 1996년 개발된 프로젝트 • 보행자 사이를 안전하게 돌아다닐 수 있는 자동차와 비슷한 로봇으로 정의
CyberCab	• INRIA와 Yamaha가 손을 잡고 CyberCab 프로젝트 수행 • 플로리다에서 개최된 2002년 엑스포에서 25대 CyberCab들이 채택되어 실제로 운영을 하였는데, 대회장의 4m 높이에 있는 전망대까지 사람들을 운반 • 최대 4명이 탈 수 있는 시스템으로 무인자동차 시스템이 상용화할 수 있다는 가능성을 보여줌
MobiVIP	• 2004년 진행된 MobiVIP 프로젝트는 지속의 반개방형 자동운전차량의 도시지역 적용을 목표 • GPS 시스템을 이용하여 모든 차량의 움직임을 추적 • CyCab 차량에 전후방카메라를 설치하고, GPS와 gyrometer/odometer 등 관성센서를 활용 • 2005년에는 중국에서 CyberC3 프로젝트를 CyberCars프로젝트와 연계하여 진행 • 2006년에는 CyberCars2 프로젝트가 진행, 차량간 상호작용 높이고, 기존 도로인프라와 연계
CityMobil	• 최초로 상용화를 전제로 시작했다는데 큰 의의가 있음 • 대중교통에 초점을 맞추고 프로젝트 일환으로 3군데 장소에 자동화된 차량들을 배치해 진행 • 히드로 공항에서 ULTra라는 자동화된 미니버스가 2009년부터 운영

사각 지대 정보 안내는 자동차 양 측면에 장착된 센서가 사이드 미러로 보이지 않는 사각 지대에 자동차가 있는지를 판단하여 운전자에게 경고를 해주는 시스템이다. 무인자동차에서는 복잡한 도로 상황에서 양 측면의 장애물 및 차량을 확인하여 차선을 변경하는 용도로 사용된다.

무인자동차 개발 연구 관련 예시로 구글 카(Google Car)가 있다. 구글이 구글카를 처음 발표한 것은 2010년 10월, 구글의 공식 블로그를 통해서 이다. 구글카 프로젝트를 주도하고 있는 구글 부사장 세바스찬 스런(Sebastian Thrun)은 블로그를 통해 "구글의 창립자 레리와 세르게이가 구글을 설립한 것은 이들이 기술(technology)을 활용하여 당시에 현안이 되고 있는 문제를 해결하기 위해서였다. 지금 우리가 해결하고자 하는 문제 중 하나는 자동차 안전성과 효율성(car safety and eficiency)이다"라고 밝히며 구글카 개발의 의미를 부여했다. 스런은 구체적으로 구글이 자동운전 자동차를 통해 사회에 기여하는 할 수 있는 것으로 인명사고의 대폭 감축, 에너지 절감, 통근 시간의 효과적인 활용 등 3가지를 제시했다.

스런은 세계 보건 기구(World Health Organization)의 통계를 인용하여 전 세계적으로 매년 교통사고로 120만 명이 사망하고 있음을 지적하고, 구글은 자동 운전 자동차를 통해 사망자 수를 반으로 줄일 수 있을 것이라고 밝혔다. 에너지 절감과 관련해서는 자동운전 자동차 기술이 카 세어링(car sharing)을 활성화하여, 자동차 사용을 크게 줄일 수 있을 것이라고 주장하였다. 또한 "미래의 고속도로 열차(highway trains of tomorow)"를 만들어 내는데 도움을 줄 수 있을 것이며, 고속도로 열차는 더욱 많은 사람들을 도로를 통해 이동하도록 하는 동시에 에너지 소비를 줄일 수 있을 것이라고 주장했다.

구글카는 기존의 자동차에 자동운전 시스템(하드웨어+소프트웨어)을 장착한, 일종의 개조된 자동차라고 할 수 있다. 구글은 도요타의 프리우스(Prius), 아우디의 TT, 렉서스의 RX450h를 개조하여 시험운행을 진행하고 있다. 자동 운전 시스템과 관련된 하드웨어로는 다음의 〈그림 1-9〉에서와 같이 비디오 카메라(video camera), 레이더 센서(radar sensor), 라이더(LIDAR: Light Detection And Ranging) 위치 측정기(positon estimator) 등이 있으며, 이들 센서는 주변의 차량, 사물, 사람, 신호, 차선 등의 제반상황을 파악하는 데 활용된다.

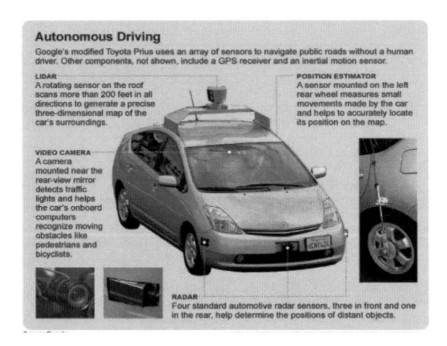

〈그림 1-9〉 구글 무인 자동차 외형

1.2.5 건설 IT

먼저 건설 IT에 대한 정의를 살펴보도록 한다.

건설 IT 정의

건설 IT란 전통적인 건설 산업에 첨단 정보통신기술(IT)을 융합하여 노동 집약
적인 산업에서 기술 집약적 산업으로 고부가가치를 창출하는 산업이다.

건설 IT 융합 산업은 전통적인 건설 산업에 첨단IT 기술을 선택적으로 융합하여 노동 집약적인 산업에서 기술 집약적인 산업으로 부가가치를 높이는 스마트 건설 산업이다. 건설 IT 융합 기술의 범위는 다음과 같다.

- 지능형 건물
- 건설 프로세스의 고도화 및 정보화
- 에너지 절감형 건설 기술

첫째 지능형 건물은 IT 기반 u-City/u-Space/Smart 빌딩으로 지능화 에너지 절감 친환경 건물을 건설하는 것이다. 지능형 건물은 지능형 건물 관리 서비스를 포함한다. 둘째 건설 프로세스의 고도화 및 정보화이다.

건설 프로세스 및 인프라를 고도화하여 건설 프로세스를 효율화한다.

또한 건설 프로세스를 자동화하여 가상 건설 기법 등을 도입하여 건설 장비, 건설 물류 등을 최적화 하는 것이다. 셋째 에너지 절감 친환경 건설로 신소재 및 센서를 포함하여 친환경 건축을 구축하는 것이다.

건설 IT 융합의 결과인 u-City(Ubiquitous-City)는 첨단 정보통신 인프라와 유비쿼터스 정보서비스를 도시 공간에 융합하여 도시 생활의 편의증대와 삶의 질 향상을 목표로 한다. 체계적 도시 관리에 의한 안전보장과 시민복지 향상, 신 산업 창출 등 도시의 제반기능을 혁신시킬 수 있는 21세기형 신도시이다. 도시 건설에 IT·통신 기술과 결합된 환경감시, 방범·방재 지능형 교통 체계, 지능형 업무 빌딩, 가정 내 홈 네트워크 서비스 등이 주요 고려사항이다. IT기반의 첨단 공공 서비스가 사회 전반에 제공되는 도시이다. u-City는 도시 기능을 효율적으로 구현하는 동시에 지역 특성에 부합되는 차별화된 산업 전략을 통하여 경제성을 추구한다. 거주민의 도시 생활의 편의와 삶의 질을 향상시킬 것으로 기대되는 u-IT의 대표적인 비즈니스 모델로 부각되고 있다.

1.2.6 3D 콘텐츠

3D 콘텐츠는 3D 입체 영상을 지칭하는 한글 용어로는 '3D 입체 영상', '3D 영상', '입체 영상' 등이 사용되고 있다. 영문으로는 '3D Film(Cinema)', 'Stereoscopic 3D Film(Cinema)', 'Stereoscopic Film(Cinema)' 등의 용어가 사용되고 있다. 다만 '3D'라는 용어는 3차원 값을 갖는 컴퓨터 그래픽(CG)을 지칭할 때도 사용되어 혼동을 일으킬 수 있기 때문에 '입체 3D'와는 구별되어야 할 필요가 있다.

인간의 눈은 좌우 65mm의 간격을 두고 떨어져 있어, 사물의 원근감을 지각할 수 있다. 65mm의 양안시차(binocular disparity) 때문에 두 눈은 미세하게 다른 각도의 영상을 보게 되며, 두 이미지는 시신경을 통해 뇌의 시피질(visual pathway)로 전달되어 하나의 영상으로 융합된다. 이 과정에서 인간은 입체감을 지각하게 된다. 이와 같이 인간의 시각에 보다 입체감있고 사실감있는 영상 자료 생성을 위한 기술들을 개발하고 있다. 이러한 기술 분야가 3D 콘텐츠 관련 기술 이다.

3D 콘텐츠 기술 활용 분야는 다음과 같다.

- 입체 촬영 방식은 영상 분야의 실사 영상 제작, 방송 분야에서의 스포츠, 드라마, CF 촬영 등 다양한 곳에 활용되고 있음.

- 제작비가 크게 들지 않으면서도 공연장의 현장감을 극대화시킬 수 있다는 장점 때문에 영화 분야에서는 공연 콘서트 실황 영화에 실사 촬영이 가장 활발하게 사용되고 있음.

- 방송 분야의 입체 콘텐츠는 모든 분야로 확대되고 있고, 현재 가장 활발히 이용되고 있는 분야는 스포츠 중계임.

하지만 3D 콘텐츠 활용만큼이나 단점도 가지고 있다. 3D 콘텐츠와 관련한 단점은 다음과 같다.

- 입체 촬영 방식의 가장 큰 문제점은 장비가 무겁고, 장비 셋팅에 시간이 오래 걸린다는 것이다. 입체 촬영 장비는 카메라 두 대와 리그를 동시에 운용해야 하기 때문에 기동성이 크게 떨어진다는 것이다.
또한 리그에 카메라를 고정시키는 리깅 작업과 수평을 맞추는 얼라인먼트 작업, 두 카메라의 밝기와 셋팅을 통일시키는 작업 등에 시간을 소요하게 된다.

- 이와 같은 작업 시간 증가는 프로덕션 기간의 증가로 이어져 제작비 상승을 일으키는 주 원인이 된다.

- 방송분야에서는 두 개의 렌즈를 하나의 카메라 안에 내장한 입체 전용 카메라가 개발되어 있지만 일반 촬영 카메라에 비해 많게는 10배까지 높은 가격 때문에 방송사들에게 비용 부담을 주고 있다.

3D 입체 콘텐츠는 실세계의 모습과 동작을 입체적으로 표현하여 눈앞에서 생생하게 살아 움직이는 사실감과 현장감을 제공하는 콘텐츠라 할 수 있다. 새로운 기술이나 우리가 경험하지 못한 것이 아니라 늘 우리의 가까이에 있고 소비되었으며, 최근 3D를 중심으로 한 기술, 방송 서비스 기술 등과 융합을 통해 문화적 속성을 가진 콘텐츠가 다양한 플랫폼을 통해 확산되고 있는 추세이다. 특히 세계 최고의 인프라와 기술에 대한 노하우를 강점으로 갖고 있는 우리나라의 입장에서 보면 새로운 부가 가치를 창출하고 경제적 파급효과에 대한 기대가 높다.

할리우드를 중심으로 미국은 3D 입체 영화 제작을 계속적으로 늘리고 있으며 세계 유수 국가들 또한 3D 산업의 활성화를 위해 콘텐츠 확보 및 디스플레이 기기 개발과 함께 전달 매체의 변화 등에 대한 연구개발 단계 차원을 넘어 산업화 태동기 단계에 접어들고 있다.

3D 콘텐츠를 장르별로 분류하면 기존의 콘텐츠처럼 방송, 영화, 애니메이션, 게임 등과 같이 구별할 수 있다. 산업의 가치 사슬 측면으로 분류하면 인프라, 제작, 유통 및 배급으로 나눌 수 있다. 인프라 측면에서 살펴보면 국내 시장 규모의 협소 및 영세성으로 인한 시스템의 절대 부족과 전문 인력의 부족은 심각한 수준이며 특히 실사를 기반으로 한 콘텐츠의 전문 인력 확보도 전무한 상태이다.

1.3 ICT 융합 기술 국내외 기술 발전 동향

IT 기술은 우리나라 경제 성장에 결정적 기여를 해왔으며 사회 전반의 패러다임 혁신을 통해 생산성, 효율성, 편의성, 소통성을 증진시키고 삶의 양식에 전면적 변화를 가져왔다. 금융위기 이후 주요국에서는 뉴딜을 촉진하고 신 성장 동력을 창출하며 사회와 문화의 발전적 전개를 위해 IT 기술에 대한 거대 투자를 집행하고 있다. 국민경제와 사회문화에서 지대한 의미를 지니는 IT 기술은 다른 기술 또는 산업과의 융합이라는 새로운 변화와 혁신의 중심에 위치하고 있다. 우리나라를 비롯하여 주요국에서는 자원과 역량을 선택적으로 집중하고 있다.

이와 같이 국민 경제와 사회 문화에서 지대한 의미를 지니고 역할이 기대되는 IT 기술은 다른 기술 또는 산업과의 융합이라는 새로운 변화와 혁신을 주도하고 있다. IT 융합 기술은 IT 기술의 자체 고도화를 바탕으로 다른 분야의 기술 개발과 산업 발전을 견인하거나 새로운 산업을 창출하는 것이다.

이는 IT 기술이 기존 산업 시대의 철과 같은 역할을 수행하면서, 블루오션이라는 신대륙을 찾기 위한 대항해 시대를 여는 항해 기술과 같은 기능을 수행하는 것이라 할 수 있다. 이에 주요국에서는 차세대 핵심 연구 개발 분야로 IT 융합 기술을 선정하고 국가적 차원의 자원과 역량을 선택적으로 집중하고 있다. 우리나라도 주력 산업의 경쟁력 강화와 IT 기술과 융합되는 새로운 산업 창출을 목표로 국가 전략적 차원에서 접근하고 있으며 연구 자원을 집중 투자하고 있다.

우선 IT 융합 기술은 IT 기술 내부에서 IT 기술의 진화와 다양하고 복합적인 영향을 받아 네트워크 융합, 단말기 융합, 방송과 통신의 융합으로 전개되고 있다. 이를 통해 IT 산업 자체의 발전을 추구하는 동시에 이용자의 편의성과 활용성을 강화시켜나가는 방향으로 나아가고 있다. 현재 IT 기술 내부의 융합은 우리나라를 비롯하여 IT 강국에서 크게 활성화되고 있으며 모바일 브로드밴드, 스마트 폰, IP 셋톱박스, IPTV, VoIP를 통해 상용화되고 있으며 향후 국가 또는 기업 사이의 치열한 경쟁이 예상되고 있다.

또한 IT 융합은 1차, 2차, 3차 산업으로 구분되는 기존 산업과의 융합을 통해 기존 산업을 고도화 시킨다. IT 기술과의 융합을 통해 기존 산업은 프로세스 개선, 신 공정 개발, 지식 산업화로 이어지고 이는 효율성과 생산성을 제고시키고 있다. 이를 통해서 융합 부문의 새로운 산업을 창출할 수 있게 된다. IT와 기존 산업 간의 융합은 우리나라에서는 10대 주력산업의 IT 융합화를 통해 전개되고 있으며 특히 조선, 자동차, 섬유, 건설, 국방, 의료분야와 IT의 융합이 국내외에서 경쟁적으로 확산되고 있다.

또한, 농업의 지식화, 서비스업의 지식 정보화를 통해 1, 3차 산업의 융합을 통한 발전적 혁신이 모색되고 있다.

IT 융합의 꽃이라 불릴 수 있는 분야는 IT와 첨단 기술과의 융합으로 BT(바이오기술), NT(나노기술), CT(콘텐츠기술), ST(항공우주기술), GT(그린기술), HT(휴먼테크놀로지 기술) 등과의 결합을 통해 새로운 블루오션을 창출할 수 있다.

1.3.1 주요국의 ICT 융합 전략 동향

우리나라를 비롯하여 주요국에서는 2000년대 이후 IT 융합을 산업육성과 사회적 인프라 및 자본축적, 사회문제 해결을 위한 차세대 성장 동력으로 선정하고 있다. 특히 최근에는 녹색 성장의 중요성이 부각되면서 각국에서 IT 기술과 녹색 기술의 융합이 강조되고 있다. 각국의 ICT 융합 기술 전략에 대해서 설명한다.

(1) 미국

미국은 2002년 6월 차세대 융합기술의 선점과 삶의 질 개선, 인간의 수행능력 향상을 목표로 NBIC 전략을 수립하였다. 본 전략은 Nano, Bio, Info, Cogno(인지과학)의 4개 핵심 기술을 기반으로 인간의 인지 능력과 통신 능력의 확장, 인간의 건강과 물리적 가능성 증대, 사회의 물리적 장벽 제거와 사회 구성원의 경제적 효율성 향상, 과학과 교육의 연결을 적극적으로 추진하고 있다.

2004년 수립된 Innovation America를 통해 미국은 IT 기술 활용 촉진을 국가 혁신 전략으로 설정하고 IT 기술을 활용하여 제조 부문과 서비스 부문의 연계를 적극 추구하고 있다. 또한 미국은 2006년 2월 국가 경쟁력 강화 계획(ACI)을 수립하였다. ICT 기술 융합 분야를 중심으로 연구 개발 확대, 기술 혁신, 세제 혜택 등을 주요 내용으로 하고 있으며 특히 이를 통해 2006년의 100억 달러에서 2016년의 200억 달러로 과학 기술 및 혁신 기업에 대한 기초 연구 투자를 확대할 계획이다.

(2) EU

EU는 2004년 7월 지식 사회 건설을 위한 융합 기술 발전 전략 수립인 CTEKS를 발표하고 적극 추진하고 있다. CTEKS은 융합 기술 투자를 통한 과학 기술 연구의 장려, 산업 경쟁력 강화, 유럽 사회 및 국민의 요구 충족을 적극 추구하고 있다. 또한 2006년 수립된 Shaping Europe Future ICT를 통해 경제 사회 전반에 걸쳐 ICT와 ICT 융합의 중요성을 강조하였으며, 2006년에 입안된 계획을 통해 융합 기술 개발 확대 계획 및 집행 전략을 구체화하였다. 이를 통해 IT, BT, 교통, 에너지 등의 융합부문을 중심으로 2007년부터 2013년까지 총 727.6억 유로의 투자를 집행했다. EU 집행위원회는 2008년에는 미래 융합 산업 경쟁력 강화 및 조기 글로벌 경쟁력 확보를 위해 의료,섬유, 건설, 바이오 등 6대 선도시장 육성 전략을 발표하고 부문간 융합을 촉진하기 위한 다양한 프로그램과 투자를 집행하고 있다.

(3) 일본

일본은 2001년 제2차 과학 기술 기본 계획을 통해 IT, BT, NT, ET를 4대 전략부문으로 설정하였으며 일본이 강점을 지니는 제조기술과 융합기술과의 결합을 통해 상용화 전략을 추진하였다. 또한 일본 경제 산업성은 2004년 신산업 창조전략을 수립하고 IT, BT, NT 등 신기술간 융합 혁신을 통해 7대 신성장 산업을 집중 육성하는 산업 전략을 수립하였다. 일본은 이 전략을 통해 연료전지, 정보가전, 로봇, 콘텐츠, 보건의료, 환경에너지, 비즈니스 지원 서비스의 7개 분야를 단기간 실용화가 가능한 기술융합 분야로 선정하고 기술 개발과 상용화를 위한 집중 투자를 집행하였으며 일부 분야에서는 세계 최고의 기술 선점이라는 성과를 이룩하였다. 2006년에 제3차 과학 기술 기본 계획과 총리실 산하의 IT 전략 본부 주관으로 IT 기술과의 융합을 통해 의료, 환경, 안전 등의 분야에서 구조개혁과 사회 문제 해결을 위한 IT 기술 신개혁 전략을 수립하였다. 일본은 이 과학 기술 기본 계획을 통해 기술 융합의 중요성을 강조하고 신흥 영역과 융합 영역을 중심으로 연구 개발을 촉진하는 계획을 수립하였다. 또한 IT 기술 신개혁 전략을 통하여 연구개발 중점 추진분야로 세계를 선도하는 IT 기술과 다른 분야의 융합을 촉진하는 IT 기술로 구분하고 각각 집중적인 투자를 실행하였다.

(4) 대한민국

우리나라는 2008년 IT 융합 전통 산업 발전 전략을 수립하여 세계 최고 수준의 IT 인프라를 활용하여 주력 산업의 르네상스화를 추구하고 있으며 2008년 11월 국가 과학 기술 위원회 및 교육 과학 기술부를 중심으로 국가 융합 기술 발전 기본 계획을 확정하였다. 본 계획은 차세대 기술혁명을 주도할 융합 기술을 체계적으로 발전시켜 의료·건강, 안전, 에너지·환경 문제의 해결뿐만 아니라 신성장 동력인 융합 신산업 육성을 목표로 하고 있다. 이를 위해 원천 융합 기술의 조기 확보, 창조적 융합기술 전문 인력 양성, 융합 신산업 발굴 및 지원 강화, 융합기술 기반 산업 고도화, 개방형 공동 연구 강화, 부처간 연계·협력·조정체계 강화 등의 6대 추진 전략을 설정하였다.

우리나라는 '과학기술기본계획'('13~17)의 120개 국가전략기술 및 국가 중점과학기술 전략로드맵의 30개 대상기술 중에서, '창조경제 실현계획'('13.6.)의 추진과제 이행에 필요한 융합기술 분야 선정하여 시행하고 있다.

또한 경제적·사회적 가치, 원천성/선도성, 시급성/시의성 등을 평가, 경제성장(경제적 가치), 국민행복 실현을 위한 5대 기술·미래상 및 15대 국가전략 융합기술을 선정하여 시행하고 있다.

참고문헌

[1] 김문구외, IT 융합의 국내외 동향 및 국내 산업역량 강화방향, 전자통신동향분석 제25권 제1호 2010년 2월

[2] 국가과학기술심의회 운영위원회, 창조경제 실현을 위한 융합기술 발전전략(안), 2014. 2. 27.

[3] 김정언외, ICT기반의 융합산업 활성화 방안, 정보통신정책 연구원, 2013.

[4] 이영로, 방송통신융합공공서비스 활성화 추진방향, TTA, 2009.

[5] 송관호, IT 융합 기술 개론, 진한 M&B, 2011.

[6] 전황수, 건설IT 융합기술동향, IT Soc Magazine, 2009.

[7] 문화 기술 심층 리포트, 한국 콘텐츠 진흥원, 2010.

2.1 방송통신 융합 개념

방송 통신 융합은 기존에 각각의 영역에서 서비스를 하다가 최근에 기술의 융합 추세에 따라 합쳐지게 되었다. 따라서 방송 통신 융합의 개념을 정의하면 다음과 같다.

방송 통신 융합의 정의

방송 통신 융합이란 디지털 기술 발전과 광대역통합망의 진전 및 단말기의 융합화로 인해 기존의 방송과 통신의 경계 영역이 허물어지는 현상을 말한다. 아날로그 환경 하에서 분리되어 있던 통신과 방송의 주력 서비스들이 디지털과 양방향의특성을 갖는 '결합커뮤니케이션 서비스'로 전환되는 과정이다.

방송 통신 융합 기술의 출현 배경으로 다음의 4 가지를 들 수 있다.

- 기술의 변화

- 시장의 변화

- 규제 환경의 변화

- 소비자 수요

네 가지 요인은 융합에 대한 논의가 본격화되던 90년대 말부터 최근에 이르기까지 변함없이 강조되고 있다. 이 중 기술적 측면에서는 디지털화와 인터넷이 중요한 요소로 강조되고 있으며, 이용자 측면은 최근 스마트 폰 사용 등으로 방송 콘텐츠 이용의 증가로 인하여 방송 환경이 기존과 다르게 변화되고 있다는 것이다.

대한민국을 기준으로 보자면 융합 이전에는 방송, 통신, 그리고 인터넷은 각자가 추구하는 가치를 지니고 있었다. 방송은 표현의 자유와 공익성, 독립성, 다양성을, 통신은 보편성, 효율성과 기밀성을 각자의 전통적 가치로 삼고 있었다. 한 동안 공영 체제와 국가 독점이라는 측면에서 같은 공공 영역에 있었던 두 영역 간에 분리가 시작된 것은 1980년대 통신부문에서 시작된 민영화, 자유화, 규제 완화의 영향 때문이다.

방송 통신 융합의 세 가지 흐름은 다음과 같다.

〈표 2-1〉 방송 통신 융합화의 세가지 흐름

유선과 무선의 융합화 (Fixed-Mobile Convergence)	• 초고속 인터넷을 배경으로 한 안정적이고 빠른 유선 인터넷 서비스와 이동성을 바탕으로 한 무선인터넷 서비스의 결합이 유무선 통합 기술에 의해 실현됨. • 2006년 6월말 국내에서 상용화된 와이브로(WiBro)가 대표적임. 와이브로는 IP망을 기반으로 높은 전송용량을 제공하는 유선적인 특성과 일정 수준의 이동성을 제공하는 무선적인 특성을 동시에 지님
음성과 데이터의 융합화 (Voice-Data Convergence)	• 전화선으로만 서비스되던 기존의 유선전화는 IP망을 통한 인터넷 전화(VoIP)로 진화하고 있으며, 이는 음성 신호가 패킷화되어 데이터망을 타고 흐르는 것을 의미함. • 미국에서는 1998년에 이미 데이터 통신 서비스 트래픽이 음성 통신 트래픽을 추월함. • 우리나라도 2000년에 데이터 트래픽이 음성통신 트래픽을 넘어선 이후 그 경향이 심화되고 있음.
통신과 방송의 융합화 (Telecom-Broadcasting Convergence)	• 통신 분야와 방송 분야의 경계가 모호해지며, 통신과 방송 네트워크 및 서비스 시장 간 융합 현상이 나타남.

방송과 통신의 융합 형태는 다음과 같다.

<표 2-2> 방송 통신의 융합 형태

서비스 융합	• 통신과 방송의 속성을 동시에 가진 서비스가 출현 • 통신망 기반 방송 서비스 　- IPTV, 인터넷 방송, 모바일 방송등 • 방송망 기반 통신 서비스 　- 케이블 인터넷 서비스 VoIP, T-Commerce 등
네트워크망 융합	• 디지털화 및 압축 기술의 발달과 광대역 기술의 발달로 하나의 망을 　통해 방송과 통신 서비스를 동시 제공 • 방송망과 통신망의 구분이 무의미해짐 　- DSL망에서 TV방송 시청 가능(IPTV) 　- ATV망에서 초고속 인터넷 VoIP등 제공
단말기 융합	• 하나의 단말기로 방송과 통신 서비스 제공 　- 휴대폰/PC로 방송 수신
사업자 간 융합	• 통신 및 방송 사업자가 타 영역에 진출 　- 통신 사업자가 IPTV(Internet Protocol TV)로 방송에 진출 　- 방송 사업자인 CATV가 초고속 인터넷 VoIP(Voice of IP)등 진출

방송과 통신의 근본적인 차이는 방향성과 정보통제권에서 비롯된다.

방송은 송신자와 수신자가 1 대 다(one to many)의 일방향적 관계인데 비해 통신은 1 대 1(one to one)의 쌍방향적 관계를 갖고 있다. 이로 인해 전자는 누구나 서비스에 접근할 수 있는데 반해 후자는 특정한 이용자에게 국한된다. 방송은 송신자가 프로그램의 내용은 물론 시간, 순서까지 일방적으로 결정하여 제공하는데 비해, 통신은 정보제공자나 수신자 모두 교환되는 정보를 본인의 의사에 따라 변형하거나 배열할 수 있다.

이런 근본적 차이에서 볼 때 방송과 통신의 융합은 양대 커뮤니케이션 양식이 혼합되는 현상으로서 그 자체가 긍정적 의미를 지니는 것으로 이해될 수 있다 즉, 방송에 쌍방향성이 추가되어 참여를 극대화함으로써 제공자와 수용자 사이의 간극을 줄일 수 있다. 또한 편성권을 포함한 시·공간적 통제력이 수용자에게 이전됨으로써 수직적 커뮤니케이션을 수평적이고 동등한 커뮤니케이션 구조로 발전시킬 수 있다. 뿐 만 아니라 통신에 있어서는 일대일의 대면 커뮤니케이션이 갖는 정보 전달 대상의 한계를 극복할 수 있고 자신만의 편성과 콘텐츠를 세상에 내보일 수 도 있게 된다. 또한 방송매체에서는 흔하지만 통신매체에는 익숙하지 않은 사회적 시청(social watching)도 가능해졌다.

2.2 방송통신 융합 관련 기술 및 서비스

방송 통신 융합 관련 기술 및 서비스로는 무선 인터넷, DMB, IPTV 등이 있다. 본 장에서는 이러한 방송통신 융합 관련 기술 및 끊임없이 진화하는 서비스 기술에 대해서 자세히 살펴본다.

2.2.1 무선 인터넷 기술(Wireless Internet Technology)

최근 정보통신 발전의 주역인 이동 통신과 인터넷 기술이 결합됨으로써 전 세계적으로 무선 인터넷 시장이 도입 및 성장 단계에 진입하였다.

20세기 말 정보통신의 발전의 주역은 이동통신과 인터넷이라고 할 수 있다.

최근 두 주역의 결합으로 등장한 것이 무선 인터넷(wireless internet, mobile internet)이다. 무선 인터넷은 아직 초기 발전 단계이므로 서비스에 여러 가지 제약이 있으나, 현재 관련 기술이 급속히 발전하고 있으며 그 동안 이동 통신과 인터넷이 급속히 성장한 점을 고려할 때 향후 무선 인터넷의 잠재력은 매우 크다고 볼 수 있다.

무선 인터넷의 발전은 무선 인터넷 관련 기술 이외에 일반적인 이동통신의 발전, 그리고 유선 인터넷의 발전 등과 깊은 연관성을 가지므로 무선 인터넷의 잠재력을 가늠해 보기 위해서는 이와 같은 주변 요소들의 발전전망과 상호 연관관계를 분석할 필요가 있다. 차세대 인터넷은 현재의 인터넷이 제공하지 못하는 QoS(Quality of Service)의 보장, 데이터 보안성의 보장 그리고 고품질의 실시간 멀티미디어의 구현에 대한 보장을 해야 하는 특징을 가지고 있다.

차세대 인터넷에 대한 각국의 움직임은 향후 인터넷의 발전에 많은 영향을 미칠 것으로 예상되나 그 정도에 대해서는 상당한 견해 차이가 있는 것으로 보인다. 우선 차세대 인터넷 기술개발을 주도하는 측에서는 현재 대부분의 인터넷 이용자들이 인터넷 서비스에 대한 개선 요구 사항을 가지고 있고, 이것은 차세대 기술에 대한 시장이 충분히 성숙되어 있다고 볼 수 있다. 또한 국가적인 입장에서도 차세대 기술을 먼저 상용화함으로써 시장에서 기술적 우위를 확보할 수 있으므로 정부는 차세대 기술의 구현을 촉진할 필요가 있다는 것이다.

미래의 무선 인터넷 구현을 위한 기술로는 현재의 환경에서 구현하여 활용할 수 있는 WAP과 Mobile IP 기술을 들 수 있다. WAP은 이동망과 유선 인터넷망 사이에 WAP 게이트웨이를 두어 데이터를 처리하는 것으로, 현재 구현되고 있는 인터넷 이동성 지원 프로토콜이다. Mobile IP는 망과 망 사이의 데이터 통신의 경우 기존 유선망의 기능을 그대로 활용하고, LAN 내에서 IP 이동성 기술만 개발함으로써 인터넷 이동성을 구현할 수 있는 기술이다.

(1) 무선인터넷 발전 방향

무선 통신 기술은 언제 어디서나 고속, 고품질의 이동통신 시스템, 서비스 플랫폼, 휴대용 멀티미디어 융·복합단말을 이용하여 정지 및 이동중인 고객에게 멀티미디어 기반의 다양한 응용 서비스 및 융·복합 서비스를 제공하는 것을 목표로 한다. 무선 통신 기술은 고부가가치 기술이라 할 수 있다. 무선 통신 산업은 이동통신을 기반으로 하는 다양한 응용 서비스와 융·복합서비스 산업, 차세대 이동통신 시스템 산업, 차세대 융·복합단말·부품산업, 차세대 무선계측 및 인증·시험산업, 타산업 영역과 융합된 신사업 등을 포함한다.

(2) 무선 인터넷 관련 서비스 기술

무선 인터넷서비스는 셀룰러 폰 시대에 제공되던 SMS 위주의 텍스트 서비스에서 동영상 등 유선망에서 제공하는 수준에까지 근접하고 있으며, 향후에는 유선망과 동일한 서비스의 제공도 가능할 것으로 여겨진다.

무선 인터넷 관련 서비스 기술의 종류는 아래 표와 같다.

〈표 2-3〉 무선 인터넷 관련 서비스 기술 종류

구분	서비스 형태
정보 제공 서비스 (Information)	SMS, MMS, 모바일 방송서비스, e-mail, 주식 정보, 교통 정보, 뉴스, 기상 정보 등
대화형 서비스 (Communication)	채팅/미팅, VOD, 화상 전화, 비디오 메시지 등
엔터테인먼트 서비스 (Entertainment)	캐릭터/벨소리 다운로드, 게임 다운로드, 노래방, 네트워크 게임 등
이동전자상거래 서비스 (Mobile-Commerce)	모바일 지불 결제, 신용 카드 무선 결제, 주식 거래, 예약, 복권, 은행 조회/이체, 쇼핑 등
이동위치기반 서비스 (Mobile-Position)	위치 추적, 디지털 물류 운반, 택시콜 등
텔레메트리 서비스 (Telematery)	전력량 원격 검침, 자판기 원격 검침, 무선 홈 시큐리티 등

멀티미디어 메세징 서비스(MMS: Multimedia Messaging Service)는 정보제공서비스의 한 종류로서 단문 메세지 서비스인 SMS(Short Message Service)와 e-mail이 융합된 기능을 가지고 기존 SMS의 데이터 크기 및 미디어 한계를 극복하고 텍스트 이외에 이미지, 사운드 및 멀티미디어 파일 등 다양한 멀티미디어 데이터를 전송할 수 있는 서비스이다.

모바일 방송 서비스(MBS: Mobile Broadcasting Service)란 이동전화기에 특정 수신 ID (Identifire, 식별자)를 입력시켜 기지국에서 일방적으로 송출하면 주위에 있던 이동전화기중 모바일 방송서비스에 가입한 가입자 전부에게 데이터를 수신하게 하는 서비스를 말한다. 즉 CBS(Cell Broadcasting Service) 방식을 이용해 실시간으로 뉴스, 증권정보, 자격정보 및 각종 엔터테인먼트 정보 등을 이동전화 가입자에게 뿌려주는 서비스로서 동일 기지국내의 셀 커버러지 안에 있는 모든 이동전화 단말기는 동시에 동일한 데이터를 수신할 수 있다.

(3) 무선 인터넷 기술

방송 통신 융합 관련 기술 무선 인터넷 기술로는 WLAN, 와이파이 등이 있다.

1) 무선 랜(Wireless LAN)

무선랜(無線 LAN, wireless LAN)은 무선 신호 전달 방식(일반적으로 확산

대역 또는 직교 주파수 분할 다중화 방식)을 이용하여 두 대 이상의 장치를 연결하는 기술이다. 이를 이용해 사용자는 근거리 지역에서 이동하면서도 지속적으로 네트워크에 접근할 수 있다. 오늘날 대부분의 무선랜 기술은 IEEE 802.11 표준에 기반하고 있으며, 와이파이(Wi-Fi)라는 마케팅 네임으로 잘 알려져 있다. 무선랜은 한때 미국 국방부에 의해 LAWN (Local Area Wireless Network)라고 불리기도 했다.

무선랜은 설치의 용이성으로 인해 가정 환경에서 매우 널리 쓰이게 되었다. 또한 커피숍과 같은 상업 시설들은 방문객들을 위해 무료로 사용이 가능한 무선랜 환경을 제공하기도 한다.

주로 편의, 비용 절감, 다른 네트워크와의 통합의 용이성이 입증되면서 무선랜은 인기를 끌게 되었다. 오늘날 소비자에게 파는 대부분의 컴퓨터들은 필수적인 모든 무선랜 기술이 미리 장착되어 출시된다.

무선랜의 장점은 다음과 같다:

- **편의성**:가정이나 사무실에서 무선 네트워크 장비가 있는 곳이라면 무선 네트워크를 쉽게 사용할 수 있다.
- **휴대성**:일반 노동 환경 밖에서도 인터넷에 접속할 수 있다. 커피숍과 같은 공공 장소에서 무선 인터넷 접속에 비용을 (얼마) 내지 않고 사용할 수 있다.
- **생산성**:장소를 옮겨 다니며 원하는 네트워크의 접속을 유지할 수 있다.
- **간단한 설치**:무선 네트워크를 처음 설치만으로 하나 이상의 액세스 포인

트를 지원한다. 한편 유선 네트워크는 수많은 장소에 케이블선을 깔아야 하므로 비용이 늘어나는 문제점이 있다.

- **확장성**:무선 네트워크는 기존의 장비를 사용하여 수많은 고객을 받아들일 수 있다.

무선랜은 장점이 많이 있는 반면에 단점도 있다. 무선랜의 단점은 다음과 같다.

- **보안**:무선랜은 라디오 주파수를 사용하여 컴퓨터에 네트워크를 제공한다. 공간과 비용을 위해 최종 컴퓨터에 설치되어 있는 무선 랜카드의 성능은 대체적으로 좋지 않다. 신호를 어느 정도 잡기 위해, 무선랜 수신 장치는 상당히 많은 양의 전력을 사용할 수 있다.

  다시 말해, 무선랜 성능이 좋지 않은 주변 컴퓨터가 무선 패킷을 가로챌 수 있을 뿐 아니라, 좋은 품질에 적은 돈을 소비하려는 사용자가 눈에 잘 띄는 곳에서 패킷을 가져갈 수 있다.

- **지원 범위의 한정**:일반적으로 쓰이는 802.11g 네트워크는 수십 미터의 거리를 지원한다. 일반 가정의 규모가 큰 경우 이러한 거리는 충분하지 못할 수 있다. 범위를 넓히려면 리피터나 추가적인 액세스 포인트 구매가 필요하다.

- **신뢰성**:다른 라디오 주파수와 비슷하게 무선 네트워크 신호는 다양한 통신 간섭에 노출되어 있다. 무선랜의 신뢰성과 안정성에 큰 영향을 미칠 수 다양한 요소들이 존재한다.

- **속도**: 대부분의 무선 네트워크는 일반적인 유선 네트워크에 비해 느린 편이다.

2) 와이파이(Wi-Fi : Wireless Fidelity)

정보통신 관련 국제 전문가 조직인 전기전자기술자협회(IEEE)는 97년 무선 랜과 관련한 기본적인 표준을 정했다. 이때 정해진 표준이 바로 Wi-Fi이며 표준안은 IEEE 802.11로 표기된다. 무선랜의 기본이 되는 802.11의 정보전송 용량은 1M 및 2Mbps (초당 전송되는 비트수)였다. 그 이후 모든 통신장비 회사와 소프트웨어, 서비스 회사들이 이 표준에 맞추어 기술을 개발하기 시작했다.

와이파이(Wi-Fi)는 와이파이 얼라이언스(Wi-Fi Alliance)의 상표명으로, IEEE 802.11 기반의 무선랜 연결과 장치간 연결(와이파이 P2P), PAN/LAN/ WAN 구성 등을 지원하는 일련의 기술을 뜻한다. 처음의 와이파이는 사실상 IEEE 802.11과 동의어로 사용되었으나, 현재 와이파이는 802.11 기반의 많은 소프트웨어 기술을 포함하며, 802.11에서 지원되나 와이파이에서 쓰이지 않는 기술도 있으므로 둘을 혼동하지 않는 것이 좋다.

와이파이 통신은 기본적으로 인터넷에 데이터를 전달해 주는 기능을 하는 AP(액세스 포인트)와 노트북이나 스마트폰과 같이 사용자가 서비스를 받는 단말기 간의 통신이다. 와이파이를 이용하려면 단말기에 연결하기 위한 하드 웨어 (무선 랜카드)가 있어야 하며, 운영 체제에서 해당 무선랜 카드를 인식할 수 있는 장치 드라이버가 설치되어야 한다.

스마트폰이나 노트북 등 이동이 많이 이루어지는 단말기에는 기본적으로 와이파이가 탑재되어 있어 사용자는 별다른 설정 없이 와이파이를 사용할 수 있으며, 데스크톱 사용자도 쉽게 설치하여 사용할 수 있다.

근래에 들어서는 선 없이 인터넷이나 상호간 통신이 가능한 장점 때문에 게임기, 프린터, TV 등 다양한 주변 기기들에서도 와이파이를 지원하고 지원하는 단말들이 늘어나는 추세이다.

현대의 노트북 컴퓨터나 포켓 컴퓨터, 넷북에는 무선 랜을 대부분 장착하고 있으므로 무선접속장치(AP) 범위 이내에서는 와이브로를 이용하지 않고도 무선으로 초고속 인터넷을 이용할 수 있다. 스마트폰의 보급 이후 와이파이 수신을 통해 이동 통신사의 추가 데이터 과금 없이 무선 인터넷을 즐길 수 있다.

와이파이의 목적은 응용 프로그램과 데이터, 매체, 스트림에 무선 접근을 사용하여 복잡함을 보이지 않게 하는 것이다. 와이파이의 주된 목적은 다음과 같다.

- 정보를 더 쉽게 접근할 수 있게 한다.
- 호환성, 장치와의 공존을 보장한다.
- 케이블과 선을 제거한다.
- 스위치, 어댑터, 플러그, 핀, 단자를 제거한다.

와이파이는 3G망에 비해 무선 인터넷 속도가 빠르지만, 무선 인터넷을 가능하게 해주는 AP(Access Point) 근처에서만 무선 인터넷이 가능하다. 또한 하나의 AP가 가능하게 해주는 무선 인터넷 범위는 크게 넓지 않다.

그렇기 때문에 와이파이를 이용하여 이동하면서 무선 인터넷을 즐기려면 곳곳에 AP가 많이 설치되어 있어야 한다. 그렇다고 AP를 무분별하게 설치하면 근처의 AP 전파가 간섭현상을 일으켜 무선 인터넷 속도가 느려진다.

와이파이는 3G 망과 같은 이동성(Mobility)를 지원하지 않기 때문에 끊김 없는 통신이 불가능하다. 따라서 한 AP에서 다른 AP로의 전환 시에는 이전 AP로부터 접속 종료 후 새로운 AP로 접속하는 과정이 필요하며, 이 때 TCP와 같은 접속 지향 프로토콜을 사용하는 통신은 단절된다.

• **WIPI 서비스 개념도**:다음 〈그림 2-1〉은 와이파이 서비스 개념도이다.

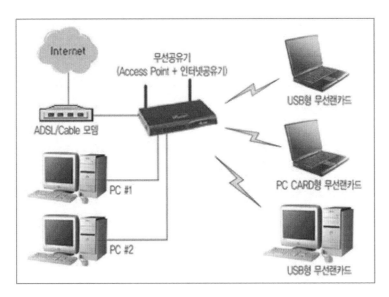

〈그림 2-1〉 WIFI 서비스 개념도

위 〈그림 2-1〉의 와이파이 서비스 개념도에서 보듯이 무선공유기를 통해서 인터넷 접속을 쉽게 하도록 해주는 것이 와이파이이다.

무선 AP(Access Point)를 통해서 사용자는 자신이 가진 단말 기기의 무선 모뎀을 이용하여 무선 AP에 접근하여 네트워크를 사용할 수 있다.

■ IEEE 802.11

IEEE 802.11은 와이파이라고 부르는 짧은 거리에서의 통신을 위한 무선 네트워크 표준 기술이다. IEEE 802.11 와이파이는 아래 그림과 같이 미래에 많은 전자 기기를 하나로 묶을 수 있는 통신 기술이다. 개방된 공간에 무선 AP(Access Point)를 설치하고 외부 네트워크와 백본 스위치와 연결할 수 있도록 한다.

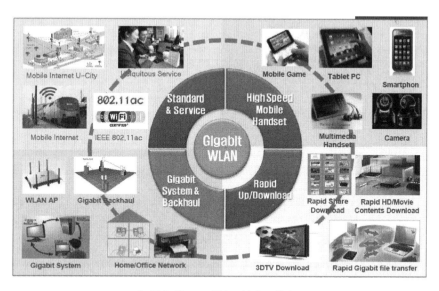

〈그림 2-2〉 IEEE 802.11 서비스 개념도

2.2.2 IPTV

IPTV(Internet Protocol TeleVision)는 광대역 연결 상에서 인터넷 프로토콜을 사용하여 소비자에게 디지털 텔레비전 서비스를 제공하는 시스템을 말한다. 또한 같은 시스템 환경 기반 구조를 이용하는 주문형 비디오(VOD : Video On Demand)는 물론 기존 웹에서 이루어지던 정보 검색, 쇼핑이나 VoIP 등과 같은 인터넷 서비스를 부가적으로 제공할 수 있게 되어 사용자와의 활발한 상호 작용이 가능하다.

주로 가정용으로 많이 제공되며 주문형 비디오 서비스 상품과 인터넷 서비스 상품을 결합하여 제공하며 인터넷 전화를 같이 제공하기도 한다. 최근에는 모바일 인터넷이나 휴대폰을 이용한 IPTV 서비스도 발전하고 있다.

IPTV 서비스 구조는 일반적으로 만들어진 콘텐츠를 인코딩 서버를 통해서 사용자게 쉽게 시청이 가능하도록 스트리밍 서버에 저장을 하게 된다.

사용자는 다양한 단말 기기를 통해서 스트리밍 서버에 저장된 콘텐츠를 자신이 원하는 시간에 원하는 콘텐츠를 볼 수 있도록 한다.

IPTV에 대한 정의는 다음과 같다.

IPTV 정의

IPTV의 단순한 정의는 인터넷을 통해 텔레비전 방송을 원하는 시간에 시청할 수 있는 시스템이다. 그러나 실시간 방송의 문제 등에서 기존의 방송사들과 IPTV의 법적 정의에 대한 논란이 크다. 대한민국의 "인터넷 멀티미디어 방송

사업법"에서는 인터넷 프로토콜 텔레비전을 "인터넷 멀티미디어 방송"으로 정의하고 있다. "광대역통합정보통신망등(자가 소유 또는 임차 여부를 불문하고, 「전파법」 제10조제1항제1호에 따라 기간통신사업을 영위하기 위하여 할당받은 주파수를 이용하는 서비스에 사용되는 전기통신회선설비는 제외한다)을 이용하여 양방향성을 가진 인터넷 프로토콜 방식으로 일정한 서비스 품질이 보장되는 가운데 텔레비전 수상기 등을 통하여 이용자에게 실시간 방송프로그램을 포함하여 데이터·영상·음성·음향 및 전자상거래 등의 콘텐츠를 복합적으로 제공하는 방송"으로 풀이한다.

IPTV서비스는 다양한 분야로 확대 적용되어 사용될 수 있다. 아래 그림은 개방형 IPTV 형태가 융합 서비스 형태로 발전될 경우 다양한 분야에 적용될 수 있음을 보여주고 있다.

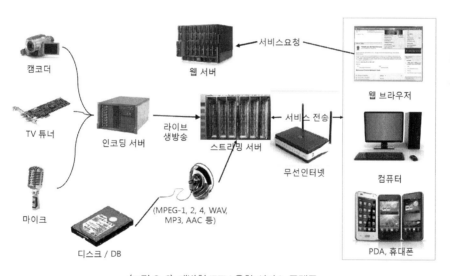

〈그림 2-3〉 개방형 IPTV 융합 서비스 플랫폼

〈그림 2-3〉은 개방형 IPTV 융합 서비스 플랫폼을 나타낸다. IPTV를 통해서 원격 의료, 원격 교육, e-비즈니스 등 개인의 요구 사항을 반영한 서비스를 할 수 있도록 구조가 되어 있다. 특히, 사용자가 TV, PC, 이동 단말기 등 어떤 장치를 이용하더라도 쉽게 이용가능 하도록 서비스할 수 있다.

IPTV는 인터넷 프로토콜 기반의 플랫폼이다. VoIP와 같은 고속통신망 서비스와 통합되어 서비스되기 때문에 많은 장점들을 제공한다. 기존의 케이블이나 위성과 같은 TV는 일방적으로 다운로드하는 스트림과, 동시에 많은 채널들이 전송되기 때문에 사용자는 하나의 콘텐츠를 선택해서 보게 되어 있다. IPTV는 양방향 서비스로 콘텐츠의 내용이 네트워크에 남아 있기 때문에 사용자들이 원하는 시간에 콘텐츠를 골라서 볼 수 있다. 또한 시청과 동시에 웹 서핑, VoIP를 통한 통신을 할 수 있다.

IPTV 단말기가 방송을 수신해서 AV(Audio Video) 신호로 보내기 때문에 사용자는 TV나 HDTV의 튜너를 쓰지 않고 AV 입력 기능을 사용할 수 있다. 따라서 사용자는 비디오 입력이 지원되는 모니터만 가지고 있다면 IPTV를 볼 수 있다. IPTV 단말기는 컴포지트, 수퍼비디오, 컴포넌트, HDMI등의 영상 출력 단자를 가지고 있다.

IPTV는 스트리밍 데이터를 신뢰할 수 없는 경우 패킷 손실과 지연에 민감하다. IPTV에는 움직이는 영상을 전달하기 위하여 1초에 나타내는 프레임 수를 올바르게 활용할 수 있게 하기 위하여 별도로 정해 둔 최소 속도를 요구한다. 이는 인터넷 속도가 느린 지역의 IPTV 고객은 서비스 품질에 제한을 받을 수 있음을 의미한다.

매우 빠른 인터넷 속도를 자랑하는 대한민국과 같은 경우에는 6백만 가정이 초당 100메가비트 속도의 이점을 맛보고 있으며 영국과 같은 다른 국가에서는 초당 3-5메가비트의 속도를 제공받는다.

이와 같이 IPTV의 특징을 그림으로 정리하면 다음 〈그림 2-4〉와 같다.

현재까지의 IPTV는 회선망을 보유한 업체들을 중심으로 타사에 대해 배타적인 폐쇄형 IPTV 서비스가 주로 이루어졌다. 하지만 망중립성 논쟁과 함께 개방형 IPTV에 대한 요구도 강하게 나오고 있다. 실제로 방송통신위원회는 회선망을 개방하여 망을 보유하지 않은 사업자들에게도 IPTV 서비스를 승인하는 개방형 IPTV에 대해 집중적으로 투자할 것이라 밝혔다.

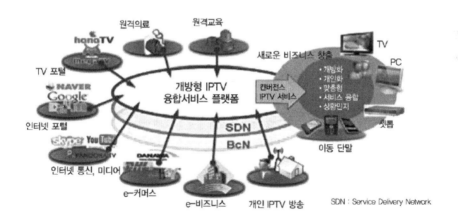

〈그림 2-4〉 IPTV의 특징

IPTV가 인터넷 기반이라는 점에서 착안하여 Wi-Max(이후 한국 서비스 명인 Wibro사용), 3GPP, 3GPP2, DVB과 같은 무선 광대역통신기술을 이용한 모바일 IPTV의 연구가 진행 중이다. 한국의 경우 와이브로망을 이용한 IPTV 서비스를 방송통신위원회를 중심으로 활발하게 연구/투자가 이루어지고 있으며, 2009년 6월 대한민국 제주도에서 열린 '한-아세안 특별정상회담'에서 방송통신위원회 주관으로 KT와 알티캐스트가 세계 최초로 Wibro망 기반 모바일 IPTV를 성공적으로 시연하였다.

IPTV 서비스는 다음 〈표 2-4〉와 같이 분류할 수 있다.

〈표 2-4〉 IPTV 서비스 분류

구분	서비스 형태
양방향 서비스	• 사용자 참여가 가능한 Interactive(양방향) 서비스 • 주문형(On-Demand) 서비스 제공으로 TV방송의 주도권이 방송사/중개업자에서 시청자로 전이 • T-Commerce 서비스 : 양방향 상거래 서비스
개인화 서비스	• Point-to-point 방식으로 개인화된 채널 서비스 가능 • Personalized entertainment 서비스 • Walled Garden 서비스 : 맞춤 인터넷 정보를 TV에 적합하게 재가공 • Communication 서비스 : SMS, TV 화상회의
번들링 서비스	• TV 단말의 장점과 초고속인터넷의 장점을 부각시키는 서비스 • 초고속인터넷, VoIP 등과의 결합을 통해 TPS 제공 • 보다 강력한 소비자 Lock-In 효과 제공
기타	• 주파수 대역의 제한이 없는 무제한 채널 공급 가능 • QoS/QoE 보장 • TV와 인터넷의 혼합모델

〈표 2-5〉 방송과 통신 서비스, IPTV 서비스 특징 상호 비교

대분류	소분류	서비스 예
컨텐트 서비스	채널	• 다채널 방송, 트릭모드, Time-shift TV, PVR/NPVR, PPV, 멀티앵글
	On-Demand 컨텐트 서비스	• CoD, Near CoD, Push CoD
	컨텐트/서비스 탐색 서비스	• EPG, ECG, TV Portal
	양방향 데이터 서비스	• 전자 상거래, 게임, 노래방, 뉴스, 날씨, 교통 정보, 전자 정보, E-learning
통신 서비스	데이터 통신 서비스	• 인터넷 접속, 포털, E-mail, 메신저
	음성 통신 서비스	• VoIP, 발신자 표시, SMS

IPTV 서비스는 크게 콘텐츠 서비스와 데이터 서비스, 통신 서비스로 나눌수 있다. 콘텐츠 서비스는 채널 기반 콘텐츠 서비스, 사용자 요구에 맞는 콘텐츠 제공을 위한 On-Demand 서비스, 콘텐츠 탐색 서비스로 나누어진다. 양방향 서비스는 게임, 날씨, 교통 정보등과 같은 서비스가 해당된다. 통신 서비스는 이메일이나 메신저등과 같은 데이터 통신 서비스, VoIP와 같은 음성 통신서비스로 나누어진다. 방송, 통신 서비스와 IPTV 서비스의 특성을 비교하면앞의 〈표 2-5〉와 같다.

방송과 통신 서비스는 한정된 수의 채널을 통해서 실시간 콘텐츠 제공을목적으로 한다. 반면 IPTV 서비스는 콘텐츠를 검색, 저장, 가공할 수 있고, 시청자가 방송에 참여할 수 있는 다양한 기능을 제공한다. 또한, 케이블 TV 서비스와 IPTV 서비스를 상호 비교하면 다음 〈표 2-6〉과 같다.

〈표 2-6〉 케이블 TV 서비스와 IPTV 서비스 특징 비교

구분	케이블 TV	IPTV
사업주체	• 종합유선방송사업자	• 기간통신사업자
서비스 지역	• 지역단위(77개 방송권역)	• 전국단위 가능(VDSL 이상 가능 지역)
서비스 형태	• 단방향	• 양방향
기술적 특성	• 주파수 배정에 의한 RF방식, 즉 특정 주파수 대역에서는 특정 채널의 프로그램만 송출하는 선형(linear) 구조	• 모든 신호를 패킷으로 나누어 패킷의 한 부분인 목적지의 주소 데이터가 읽혀져 방송신호가 가입자의 셋톱박스에 도달하는 비선형(non-linear) 구조
제공 채널 수	• 케이블TV가 주파수 대역의 제한으로 공급 가능한 채널 수에 한계 존재	• IP 기반으로 채널 수에 제한 없는 무제한 채널 공급 가능
서비스 형태	• 디지털 양방향 서비스 가능	• 디지털 양방향 서비스 가능
부가서비스	• VoD 서비스 • EPG 서비스 • 예약 및 SMS 서비스 • TV 쇼핑 • 홈뱅킹 서비스	• VoD 서비스 • EPG 서비스 • VoIP, SMS, 메시징 서비스 • TV 쇼핑 • 홈뱅킹 서비스 • 게임, 웹, 검색 서비스

케이블 TV는 지역 단위 서비스를 위주로 하고 IPTV는 전국단위로 서비스를 하는 특징을 가지고 있다. 케이블 TV는 단방향이고, IPTV는 양방향 서비스가 가능하다. 최근에 시청자들은 케이블 TV에서 IPTV로 이동하는 추세이다.

2.3 방송·통신 융합 기술 방향

방송 통신 융합 기술 방향은 국가의 정책 방향과 일치해서 추진이 된다고 볼 수 있다. 방송통신위원회는 방송 통신 시장에 활력을 불어 넣고, 새로운 미래 성장동력 창출을 위해 '방송통신미래서비스 전략'을 2010. 5. 7일 발표했다.

정부에서는 그동안 장기간의 원천기술 개발 투자를 통해 CDMA, WiBro 등 혁신적인 서비스를 육성해왔으나 최근 WiBro, DMB 이후에는 미래 서비스에 대한 준비가 부족하다는 지적이 있어왔다. 따라서 '방송통신미래서비스 전략'은 미래 ICT 기술을 선점하여 우리 ICT 산업이 지속적으로 성장, 발전해나갈 수 있는 토대를 제공하기 위해 마련한 것이다.

우리나라가 최초로 상용화에 성공한 CDMA는 정부 출연연구소와 기업이 개발 목표를 정하고 8년간의 걸친 연구개발 노력 끝에 나온 결과물이었다.

이후 CDMA는 로얄티 수입뿐만 아니라 통신사업자들의 망투자, 단말기 수출, 시스템, 계측기에 이르기까지 연관 산업의 발전을 촉진하며 우리나라 경제의 먹거리를 만들어 냈다. 4년간의 연구로 개발된 WiBro 또한 2007년 국제 표준으로 채택되면서 세계 시장으로 퍼져 나가고 있다. 이러한 서비스를 실현하기 위해서는 오랜 기간에 걸쳐 막대한 &D 비용이 소요되지만 우리 경제 사회에 미친 파급효과는 매우 크다고 할 것이다.

방송통신 서비스는 네트워크와 플랫폼을 핵심으로 하여, 민간의 단말, 콘텐츠 등 전후방 산업의 발전과 성장을 유발하는 기반 인프라 요소로서 우리 경제 발전에 기여해 온 것은 사실이다.

이러한 배경 하에 방송통신위원회는 얼마전 방송통신 10대 미래서비스를 발굴하고 추진 전략을 발표한 바 있다. 방송통신 분야의 민간 전문가와 더불어 방송통신 서비스의 미래 모습을 그리기 위해 다각적으로 준비해온 결과라고 할 수 있다. UHDTV·Touch DMB 등 차세대 방송 서비스, 무선인터넷·미래 인터넷·방송 통신 위성 등 방송 통신 유·무선 네트워크, 스마트 스크린·전파 응용 서비스 등 방송 통신 융합 서비스의 육성을 주요 골자로 하고 있다.

　방송통신위원회는 10가지의 미래 방송통신 서비스를 발굴하여 우리나라의 GDP 4만 불 시대를 열어가는 첨병으로 집중 육성해 나갈 계획이다. 이러한 10대 서비스는 우리 사회가 안고 있는 현안을 ICT를 활용하여 어떻게 해결해 나갈 것인지에 대한 고민과 함께 Green, Smart, Realistic, Trusty, Ubiquitous 등 미래의 기술 동향을 고려했다. 기본적으로는 정부역할이 필요한 인프라 및 서비스에 대한 투자를 강화하고 최근 이슈가 되고 있는 무선 인터넷 혁명에 적극 대응하는 한편 미래 방송통신융합 서비스에 대한 지원을 확대하는 방향으로 이루어지고 있다. 타 분야에 비해 경쟁력이 낮은 방송 산업의 경쟁력 제고를 위해 차세대 방송을 위한 서비스·플랫폼 개발에 대한 투자도 확대할 계획이다.

다음 〈그림 2-5〉는 방송통신위원회에서 추진하는 10대 방송통신 미래서비스 구조도이다.

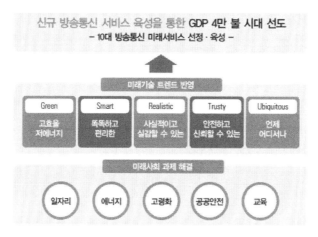

〈그림 2-5〉 10대 방송통신 미래서비스 구조도

참고문헌

[1] 정민호외 2인, "차세대 무선랜 최신 기술동향", 한국전자통신연구원 (ETRI), 전자통신동향분석 제27권 제2호 2012년 4월

[2] 손상영, 김사혁, "차세대 인터넷 환경에서의 무선 인터넷 발전방향", TELECOMMUNICATIONS REVIEW·제10권 6호·2000. 11~12월.

[3] 위키백과, 무선랜, http://ko.wikipedia.org/wiki/%EB%AC%B4%EC%84%A0%EB%9E%9C, 2014.9.

[4] 위키백과, IPTV,http://ko.wikipedia.org/wiki/%EB%AC%B4%EC%84%A0%EB%9E%9C, 2014.9.

3.1 그린 IT 기술 개요

　최근 전 세계는 지구온난화와 기후 변화로 상징되는 '환경' 위기와 고유가로 대표되는 '자원' 위기를 동시에 맞이하고 있다. 특히 정보화 사회의 진전으로 인한 인터넷 통신량의 증가는 IT 기기의 증가 및 해당 IT 기기의 전력 소비량 급증으로 이어지고 있다. 하버드 대학의 물리학자 알렉산더 위스너-그로스 (Alexander Wissner-Gross) 박사의 "컴퓨터 사용이 환경에 주는 영향"이라는 연구 결과에 따르면, 구글 1회 검색은 평균적으로 7g의 탄소 발자국을 남긴다고 한다.

　전 세계적으로 기후 변화와 에너지 문제 대응에 IT의 역할이 강조되고 있고, 녹색 시장의 성장에 따라 그린 IT 제품 및 서비스가 신성장 동력으로 부상하고 있다. 즉, IT는 에너지 효율화, 교통/물류 지능화, 자원 소비 최적화, 기후 변화 모니터링 및 예측 등을 통해 저탄소 사회 전환을 촉진할 수 있다.

　그린 PC를 비롯한, 그린 IDC, 저전력 컴퓨팅 등 IT 산업의 각 분야에도 그린화의 요구가 높아지고 있다.

　이러한 최근의 그린 IT 제품 및 서비스 시장의 전 세계적 급성장 추세를 감안하여 선진국들도 IT를 미래 국가발전 전략으로 "그린 IT 전략"을 적극 추진 중이다. 우리나라도 세계적 수준의 IT 인프라와 경쟁력 있는 IT 제품과 서비스, 국민들의 높은 IT 활용 능력 등 IT 기반 녹색성장 추진을 위한 최적의 조건을 보유하고 있는 것으로 평가된다.

　그린 IT는 환경을 의미하는 녹색(Green)과 정보 통신 기술(IT)의 합성어로 "IT 부문 녹색화(Green of IT)"와 "IT 융합에 의한 녹색화(Green by IT)"를 포괄하는 의미이다. 먼저, Green of IT는 IT 제품 및 서비스의 라이프 사이클 전반을 녹색화하고 신성장 동력으로 육성하는 것을 포함한다.

둘째로 Green by IT는 IT 융합으로 에너지/자원의 효율적 이용을 극대화하여 저탄소 사회 전환을 촉진하고, 실시간 환경 감시 및 조기 재난 대응 체계를 마련하여 기후변화 대응력을 강화하는 것으로 정의하였다.

지구 온난화는 폭염, 가뭄, 홍수 등 자연 재해와 산림 황폐화, 동식물 멸종 등 생태계 파괴의 주요 원인이며 지구 온난화가 지속될 경우 21세기말 지구 평균 기온은 최대 6.4℃, 해수면은 최대 59cm가 상승할 전망이다.

이러한 지구 온난화의 주된 원인이 온실 가스로 밝혀짐에 따라 세계 각국은 온실 가스 감축을 위한 공동 대응 방안을 모색하고 있다.

이러한 온실 가스 감축을 위한 여러 가지 기술들이 등장하고 있는데 그중에 하나가 그린 IT기술이다.

3.1.1 그린 IT의 정의

그린 IT는 에너지 절약과 환경오염 및 지구온난화를 포함한 환경문제에 적극적으로 대응하면서 지속적인 부가가치와 생산성 향상을 얻고자 하는 IT 산업의 친환경 활동이다.

즉 지구 환경을 보호하는 차원에서 친환경적인 성격을 갖는 IT 기기나 IT 기술에 대한 그린화를 뜻한다. 초기에는 저전력 설계나 재활용성을 높인 IT 제품들을 일컬었지만 현재는 자연 공해나 산업화에 따른 생태계 오염을 IT기술로 예방한다는 뜻도 내포하고 있다. 기존의 IT가 경제력 활성화에 그 목적을 두고 있다면 그린 IT는 인류(People), 지구(Planet), 그리고 수익(Profit)에 그 목적을 두며 추진이 되고 있다.

미국의 IT 시장 조사기관인 가트너는 '2008년 IT 10대 전략 기술'의 첫 번째로 그린 IT를 제시하면서 그린 IT는 환경을 파괴하지 않고 IT 기술을 활용해 자연환경 보존에 보탬이 되는 것이라고 정의한 바 있다.

(1) IT 산업의 그린화 필요성

21세기 모든 산업의 친환경 및 에너지 효율화는 필수적인 사항이다.

매우 빠른 속도로 발전화고 있는 IT 산업의 그린화 및 친환경화도 더 이상 선택의 문제가 아니다. IT 산업의 그린화에 따른 효과를 정리하면 다음과 같다.

① 에너지 절감으로 인한 비용 절약
- IT 기기의 성능을 향상시키는 동시에 에너지를 절감하도록 함으로써 생산성을 향상시킬 수 있다.
- PC 전력 관리 S/W를 도입함으로서 컴퓨터 사용 전력의 10%이상 절감 가능하다.
- 저전력 CPU, 고효율 파워 서플라이를 사용하면 사용 전력을 절감할 수 있다.

다음은 전세계 IT 제품 유형에 따른 이산화탄소 배출량을 〈표 3-1〉과 〈그림 3-1〉의 그래프로 표현한 것이다.

〈표 3-1〉 IT 기기 및 전기 기기의 이산화탄소 배출량

제품	구분 (주력모델)	1시간 사용시의 소비전력량	1시간 사용시의 CO_2 배출량
전기냉장고	700L	104Wh	44g
전기냉동고	200L	118Wh	50g
김치냉장고	200L	57Wh	24g
전기냉방기	36.3㎡형	608Wh	258g
전기세탁기	10kg	33Wh	14g
전기드럼세탁기	10kg	480Wh	204g
식기세척기	12인용	627Wh	266g
식기건조기	7인용	271Wh	115g
전기냉온수기	4L	66Wh	28g
전기밥솥	10인용	73Wh	31g
전기진공청소기	1200W	1200Wh	510g
선풍기	35cm	59Wh	25g
공기청정기	26.4㎡	40Wh	17g
백열전구	60W형	60Wh	25g
형광램프	32W형	32Wh	14g
안정기내장형램프	17W형	17Wh	7g
삼상유도전동기	37kW	39,572Wh	16,818g

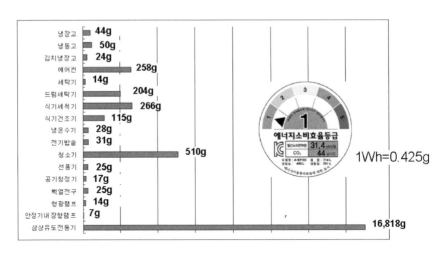

〈그림 3-1〉 IT 제품별 이산화탄소 배출량(자료 : 에너지관리공단)

② 석유 및 원자재 가격의 상승으로 인한 에너지 절약의 필요성이 증대

• 2005년 이후 국제 유가 및 원자재 가격이 급등하였으므로, IT 산업의 제
  조 원가에서 에너지 비용이 차지하는 비율이 점차 늘어나고 있다.

• 미국 텍사스 중질유 원유 가격이 2004년 11월 33.11달러에서 2008년 2월
  말까지 100달러로 급등하였다.(약 3배)

• 동은 톤당 3,264달러에서 8502달러로 2.5배 상승하였다.

• 지속적으로 급등하던 원유 가격이 2008년도의 전 세계적인 금융위기로
  다소 떨어지고 있다. 하지만 원유가격은 지속적인 상승추세중이다.

③ 선진국의 환경 규제에 따른 탄소 배출 감축의 현실적인 필요성

• 선진국의 환경 규제가 날로 강화되고 있으므로, 이러한 규제에 적절한
  친환경적인 IT 제품을 생산하여야 수출이 가능하다.

- 환경 문제와 국제 무역을 연관시킨 그린 라운드(Green Round)가 등장하였다. 그린 라운드는 환경 보호 여부를 기준으로 하여 무역을 규제하고자 하는 다자간 국제 협상을 말한다. 국제적으로 합의된 환경 기준을 만든 다음 이에 미달하는 무역 상품에 대해서는 제재 조치를 가하도록 하자는 것이다.

- 1992년 리오 세계 환경 회의에서 국제적인 환경 규제가 강화되었다. 환경에 대한 준비가 안된 개도국에게는 새로운 무역 장벽이 될 수 있다.

- 선진국은 자국의 화학 물질 관리 체계를 강화하고, 수입 완제품에 대해서도 동일한 기준을 적용하여 수입을 규제하여 자국 산업을 보호하고 있다.

- 이산화탄소 배출의 주범으로 IT제품을 들 수 있다. 이산화탄소 배출이 많은 IT제품은 위에서 보는 바와 청소기, 에어컨, 식기 세척기 등이 해당된다. 따라서 이산화탄소를 줄일 수 있는 IT 제품에 대한 관심이 절실한 실정이다.

그린 IT는 본래 IT 제조업에서의 친환경 활동을 의미하였다. 그러나 최근에는 IT 서비스업의 에너지 절감 활동도 이슈가 되고 있다. 그린 IT는 환경 친화, 성능 개선, 경제성 달성이라는 세 가지 목표를 함께 달성해야한다.

(2) IT 제조업과 IT 서비스업의 그린화

① IT 제조업의 그린화

IT 제조업의 그린화는 유해 물질 규제와 에코 디자인에, IT 서비스업의 그린화는 에너지 소비 절약에 역점을 두고 있다. IT 제조업의 경우 제품 및 기기의 친환경 설계와 제품 라이프 사이클의 전 과정에서 환경성을 평가하는 라이프 사이클 평가(LCA : Life Cycle Assessment)를 고려해야 한다. IT 서비스업의 경우 에너지 소비 절감 및 효율성 강화가 중요하며, 에너지 절약형 데이터 센터의 중요성이 강조되고 있다.

② IT 서비스업의 그린화

IT 기술을 사용하여 서비스를 제공하는 사업이다. 대표적인 IT 서비스업은 SI(System Integration) 산업, 통신 서비스 산업, S/W 산업으로서 무공해 산업이라고 생각되어 왔다. 그러나 최근 IT 서비스업의 에너지 소비가 주목을 받으면서 친환경 IT 서비스 산업의 에너지 절감이 강조되고 있다. 컴퓨팅 및 네트워크 장치의 운영, 서비스 제공에 필요한 에너지의 사용량이 급증하고 있다. IT 산업은 다른 산업에 비해 빠른 속도로 발전하고 있으므로 에너지 절약이 중요하다. IT 서비스업에서 가장 에너지를 많이 소비하는 분야는 웹 서비스를 제공하는 인터넷 데이터 센터(IDC : Internet Data Center)이다.

고성능 웹서버가 배출하는 고열을 식히기 위해 가동되는 냉방 시스템의 전기 소비량이 빠른 속도로 증가되고 있다.

3.2 그린 IT 관련 기술

그린 IT의 주요 관련 기술 세부 분야를 정리하면 다음과 같다.

- 에너지 효율적인 컴퓨팅(고효율 서버 및 S/W)

- 효율적인 전력 관리

- 저전력 데이터 센터

- 그린 조명

- 그린 발전(풍력, 태양광 발전)

- 차세대 전지

    - 연료 전지(fuel cell)

    - 배터리 관리 시스템, 에너지 하비스터

- 환경 친화적인 제품/서비스 설계 및 제공

- 친환경적인 제품 폐기와 재활용

- 그린 평가 지표, 평가 도구

- 에너지 효율 IT 제품에 대한 에코 라벨링

- 친환경 WPAN(Wireless Personal Area Network) 표준 기술

- RFID/USN(Radio Frequency IDentification/Ubiquitous Sensor Network) 기술

여기서는 그린 IT를 구현하기 위한 여러 가지 요소 기술에 대해서 설명한다.

(1) 가상화(Virtualization)

가상화는 컴퓨터 하드웨어의 세부사항을 감추고, 다른 하드웨어처럼 보이도록 한다. 가상화 소프트웨어를 설치하면, 기존의 컴퓨터 시스템과는 다른 새로운 컴퓨터 시스템으로 동작할 수 있게 된다. 가상화는 컴퓨터 자원의 활용도와 유연성을 높여준다. 컴퓨터의 가상화는 하나의 컴퓨터 시스템 내에서, 두 개 또는 더 많은 컴퓨터 시스템을 활용할 수 있도록 하는 컴퓨터 자원의 추상화이다. 이런 개념은 1960년대에 IBM 메인 프레임 컴퓨터의 운영체제에서 유래되었다. 예를 들어 가상화는 하나의 물리적 서버를 다수의 논리적 서버로 나누어 사용하는 것을 허용한다. 이는 하나의 서버를 여러 개의 논리적 서버로 나누어 사용한다는 의미이다.

하나의 컴퓨팅 시스템을 여러 개의 자원으로 분리하여 사용하는 것으로써, 컴퓨터 자원의 활용도와 유연성을 높이는 추상화(abstraction) 기술이다. 가상화가 적용될 수 있는 컴퓨터 자원은 서버, 하드 디스크, 네트워크, 운영체제, 응용 프로그램 등이다.

또 가상화는 시스템 관리자가 하나의 가상머신을 사용하여 여러 컴퓨터들을 하나로 결합하는 것도 가능하다.

서버 가상화는 실제 서버의 수, CPU, 운영체제 등 서버에 관한 세부적인 사항을 사용자로부터 감추는 것을 의미한다. 완벽하게 가상화된 서버에서 사용자는 서버의 수나 운영체제에 관계없이 자신의 응용 프로그램을 실행할 수 있게 된다.

다음 〈그림 3-2〉는 가상화를 통한 에너지 절감을 설명한 그림이다.

왼쪽에는 세 대의 컴퓨터가 세 개의 운영체제(OS)를 사용하여 실행되었다.

이를 하나의 대형 컴퓨터를 세 개의 소규모 컴퓨터 시스템으로 가상화하였다. 다음과 같이 가상화 기술을 사용하면, 세 대의 컴퓨터 대신에 하나의 컴퓨터를 사용함으로써 공간과 사용전력을 줄일 수 있다.

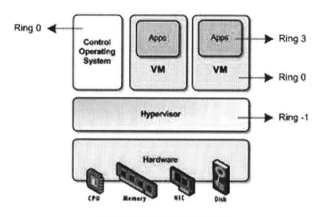

〈그림 3-2〉 가상화 시스템 구조

위 〈그림 3-2〉는 가상화 시스템 구조를 나타낸다. 가상화 시스템은 하이퍼바이저(hypervisor)를 이용하여 여러 개의 가상 시스템을 구축할 수 있도록 하여 사용자의 요구 사항을 쉽게 처리할 수 있도록 한다. 기존의 컴퓨터 시스템은 독립적인 시스템 환경을 구축해야 하지만 이러한 가상화 시스템을 사용하게 되면 독립적인 시스템 구축 대신에 기존의 시스템을 활용하여 구축 가능하므로 여러 가지 이점을 가지게 된다.

(2) 제품의 수명 연장(product longevity)

• 가트너는 보고서에서 컴퓨터의 제조 과정에서 70% 정도의 천연 자원이 사용된다고 주장한다. IT 제품은 상품 주기가 매우 빨라서, PC, 노트북, 모바일 폰과 같은 IT 기기의 폐기물이 다른 제품에 비해 많이 발생되고 있다. 이러한 폐기물의 독성과 유해 물질은 점차 환경과 인간을 위협하고 있다.

• 2007년 기준 전세계 PC 폐기 대수는 연간 1억6천만대로 파악되고 있으며, 이는 매일 46만대의 PC가 폐기되고 있는 것이다. 2007년에는 모바일 폰 5억5천만대가 폐기된 것으로 보이며, 이 숫자는 해마다 급속히 증하고 있다.

• 휴대폰의 재사용율은 5~10%정도이며, 재활용하는 경우 폐 휴대폰 12,500대에는 금 400g, 은 2,300g, 희소금속 페라디움 100g 등이 포함되어 있어 귀중한 자원이다. 국내의 폐 휴대폰 규모는 연간 1천만대 수준이다. 2005년 생산자 책임 재활용제도(EPR : Extended Producer Responsibility) 대상 품목에 휴대폰이 포함되어 휴대폰 판매량의 16.5%를 안전하게 폐기하도록 규정하고 있다.

• IT 장비의 수명을 연장하는 것은 그린 IT를 위한 좋은 실천 방안이다. 이를 위하여 업그레이드, 모듈화를 포함한 제품의 수명을 연장할 방법을 모색하고 있다. 메모리가 부족한 PC가 있다면, 새로운 PC를 구매하는 것보다 추가 메모리 모듈을 설치하는 것이 환경에 나쁜 영향이 적다. 부품을 업그레이드하는 것은 사람들이 새로운 컴퓨터를 구입하는 것을 줄일

수 있기 때문에 바람직하다.

• 기능을 업그레이드 할 수 있도록 제품을 설계하는 것도 매우 중요하다.
또한 제품의 신뢰성을 높여 보다 오랫동안 사용할 수 있도록 하여야 한다.

(3) 그린 데이터 센터

데이터 센터(Data Cener, DC)는 인터넷 데이터 센터(Internet Data Center,
IDC)라고도 하며, 기업 및 개인 고객에게 컴퓨터 및 스토리지 설비를 임대하
거나 고객의 설비를 유치하여 유지/보수 등의 서비스를 제공하는 것을 말한
다. 사용자는 인터넷이나 전용 네트워크를 통해 필요한 서비스를 제공받을
수 있다. 다음은 구글의 데이터 센터 내부와 한국 인터넷 데이터 센터 건물
사진이다.

〈그림 3-3〉 구글 데이터 센터

■ 데이터 센터의 에너지 소비

데이터 센터는 에너지 소비가 많으므로, IT 서비스 분야에서 가장 우선적으로 거론되는 그린화 대상 분야이다. 전기 분배 / 변환 등의 에너지 비효율성이 높아 IT 관리를 통해 에너지 고효율화 및 종합적인 그린 정책으로 개선이 가능하다.

인터넷 데이터 센터(IDC)의 데이터 양이 매 9개월마다 2배로 증가하고 있으며, 이로 인해 물리적 공간에 대한 요구가 매년 15%씩 늘어나고 있는 실정이다. 또한 전력 소비와, 고용량의 컴퓨터 서버의 냉각에 대한 수요가 증가하고 있다. 전 세계 IDC의 전력 소비량은 전체 전력 소비의 0.8%를 차지하고 있으나, 전력의 소비증가율이 매우 빠르다(5년마다 2배로 증가).

■ 데이터 센터의 에너지 절감

인텔 CPU를 사용하는 x86 기반 서버는 idle 상태에서도 최대 전력 사용량의 30~40%의 전력을 소비하며, 서버와 스토리지의 실제 필요한 기능에 사용되는 전력은 15~30%에 불과하다. 전력 관리 기능을 활용하고, 소규모 여러 자원을 하나의 자원으로 통합하고, 미사용 서버 전원을 적절히 관리한다면 전력 소비를 줄일 수 있다. 데이터 센터의 그린 IT를 위한 에너지 절감 방법을 정리하면 다음과 같다.

① 통합(Consolidate)

소규모 서버 및 스토리지를 물리적으로 통합하여 전력 및 공간의 수요를 줄이고 냉각 및 관리 비용을 절감한다. 예를 들어 20 Gbytes 스토리지가 5개 있어서 100 Gbytes의 저장 용량을 제공하였다면, 이를 100 Gbytes 용량의 스토리지 1대를 사용하여 대치할 수 있다. 이렇게 하면 스토리지 설치 공간 및 전력 소비가 줄어들며, 관리 비용도 절감된다.

② 가상화(Virtualize)

하나의 서버 및 스토리지를 소프트웨어 사용으로 여러 대인 것처럼 나누어 사용하는 방법이다. 여러 대의 서버가 필요한 경우, 하나의 고성능 서버를 사용하여, 이 고성능 서버가 여러 대의 서버가 논리적으로 존재하는 것처럼 보이게 하는 방법이다. 예를 들어 VMware나 VirtualPC와 같은 S/W를 사용하면, 하나의 컴퓨터를 여러 대의 가상 컴퓨터로 나눌 수 있으며, 각 가상 컴퓨터에 각각의 운영체제를 설치하여 실행하는 것이 가능하다.

③ 최적화(Optimize)

데이터의 중복을 제거하고, 압축하여 저장 공간을 절약한다.

④ 효율적 관리(leverage)

에너지 비용을 모니터링 및 사용량을 분석하여, 지속적인 에너지 효율성을 관리한다.

3.3 그린 IT 기술 관련 국내외 동향

우리나라를 비롯하여 주요국에서는 2000년대 이후 IT 융합을 산업 육성과 사회적 인프라 및 자본 축적, 사회 문제 해결을 위한 차세대 성장 동력으로 선정하였다. 특히 최근에는 녹색 성장의 중요성이 부각되면서 각국에서 IT와 녹색 기술의 융합이 강조되고 있다.

3.3.1 대한민국

우리나라는 2008년 IT 융합 전통 산업 발전 전략을 수립하여 세계 최고 수준의 IT 인프라를 활용하여 주력 산업의 르네상스화를 추구하고 있으며 2008년 11월 국가과학기술위원회 및 교육과학기술부를 중심으로 국가 융합 기술 발전 기본 계획을 확정하였다. 이 계획은 차세대 기술 혁명을 주도할 융합 기술을 체계적으로 발전시켜 의료·건강, 안전, 에너지·환경문제의 해결 뿐 만 아니라 신성장 동력인 융합 신산업 육성을 목표로 하고 있다. 이를 위해 원천 융합 기술의 조기 확보, 창조적 융합 기술 전문 인력 양성, 융합 신산업 발굴 및 지원 강화, 융합 기술 기반 산업 고도화, 개방형 공동 연구 강화, 부처간 연계·협력·조정 체계 강화 등의 6 대 추진전략을 설정하였다.

또한 지식경제부(현 미래창조과학부)는 2009년 1 월 IT 융합 시스템을 신성장 동력으로 선정하고 융합 기술 관련 신산업 및 신서비스를 발굴하며 융합 기술에 의한 기존 산업의 고도화, IT 기반 융합 기술 및 융합 부품 소재 육성과 인프라 확충, 융합기술의 기술 이전 및 사업화 촉진, 표준화 제도 확립에 주력하고 있다.

우리나라는 2008년 저탄소 녹색성장을 국가비전으로 설정한 이래, IT 기술을 통한 그린 전략(Green of IT), IT 기술의 그린 전략(Green by IT)을 적극 추진하고 있다. 녹색성장위원회를 중심으로 2020년 세계 7대 녹색 강국을 목표로 설정하고 기후 변화 적응 및 에너지 자립, 신성장 동력 창출, 삶의 질 개선 및 국가 위상 강화를 위한 10대 정책을 달성하기 위해 그린 IT를 적극 활용하고 있다(아래 〈그림 3-4〉 참조).

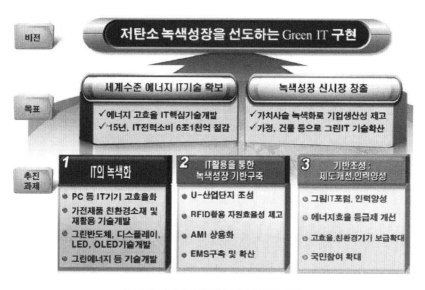

〈그림 3-4〉 4D 대한민국 그린 IT구현 비전

위 〈그림 3-4〉는 대한민국 그린 IT구현 비전을 보여주고 있다. IT의 녹색화를 위하여 RFID/USN, GIS, 위성관측시스템 등 첨단 IT 인프라를 활용한 실시간 환경 모니터링 및 기후변화 예측으로 기후변화 대응 역량 강화하고자 한다. 급격한 기후변화에 따른 자연재해 및 산불 등 재난 피해 최소화를 위해 IT를 활용한 조기대응체계 구축을 통하여 피해를 최소화한다.

정보화의 진전 및 IT 기기 보급 확대에 따라 전력 소비가 급증하면서 IT 부문 전력 소비 절감이 주요 이슈로 부상하고 있다. 국내 탄소배출량 중 IT 사용에 따른 배출량이 차지하는 비율은 전 세계 평균(2%)보다 높은 2.8%이다. 특히, 데이터센터(IDC)는 '전기먹는 하마'로 전력 소비량이 연간 20%이상 증가 (연평균 서버 13%, 데이터 저장 요구량 56%증가)하고 있다. 전 세계 IDC 탄소 배출량은 7,600만 톤으로 2020년에는 2억5,900만 톤에 이를 전망이다. 국내 데이터센터는 60여개로 11만대 서버를 보유하고 12.65억kwh소비하고 있다.

정보가전, 홈 네트워크 보급 등으로 대기전력 증가도 심각한 수준이다. IT 기기 대기전력이 가정 내 전력소비의 11%를 차지하고 있다. 국제에너지기구 (IEA)는 홈네트워크로 가정 내 전력 소비의 25%를 대기전력화 시킬것을 전망하고 있다.

이제까지 IT는 업무효율성 향상과 생활 편의 증진에 기여했으나 에너지와 자원의 효율적 이용 및 환경보호를 위한 활용은 저조한 실정이다.

우리나라의 원격근무 도입 비율은 약 1%로 (통계청, '06) 매우 낮은 편이며 원격근무 등을 적극 권장함으로써 에너지 소비를 줄일 수 있도록 하는 정책을 펴고 있다. 이러한 여러 가지 노력을 통해서 녹색 IT 달성을 통해서 이산화탄소 배출을 줄이고자 한다.

3.3.2 미국

미국은 2002년 6월 차세대 융합 기술의 선점과 삶의 질 개선, 인간의 수행 능력 향상을 목표로 NBIC 전략을 수립하였다. 본 전략은 Nano, Bio, Info, Cogno의 4개 핵심 기술을 기반으로 인간의 인지 능력과 통신 능력의 확장, 인간의 건강과 물리적 가능성 증대, 사회의 물리적 장벽 제거와 사회 구성원의 경제적 효율성 향상, 과학과 교육의 연결을 적극적으로 추진하고 있다. 2004년 수립된 Innovation America를 통해 미국은 IT 활용 촉진을 국가 혁신 전략으로 설정하고 IT 기술을 활용하여 제조 부문과 서비스 부문의 연계를 적극 추구하고 있다.

또한 미국은 2006년 2월 국가 경쟁력 강화 계획 (ACI : American Competitiveness Initiative)을 수립하였다. 융합분야를 중심으로 연구 개발 확대, 기술 혁신, 세제 혜택 등을 주요 내용으로 하고 있으며 특히 이를 통해 2006년의 100억 달러에서 2016년의 200억 달러로 과학 기술 및 혁신 기업에 대한 기초 연구 투자를 확대할 계획이다. 그린 IT에 대한 중요성을 강조하여 미국은 신정부 등장 이후 그린 뉴딜을 적극 추진하고 있으며 그린 산업을 육성하고 그린 IT 기술 촉진을 위한 인프라 보급 및 확산에 주력하고 있다.

3.3.3 EU

EU는 2004년 7월 지식 사회 건설을 위한 융합 기술 발전 전략 수립인 CTEKS(Converging Technologies for the European Knowledge Society)

를 발표하고 적극 추진하고 있다. CTEKS은 융합 기술 투자를 통한 과학 기술 연구의 장려, 산업 경쟁력 강화, 유럽 사회 및 국민의 요구 충족을 적극 추구하고 있다. 또한 2006년 수립된 "Shaping Europe Future thought ICT"를 통해 경제 사회 전반에 걸쳐 ICT 기술과 ICT 기술 융합의 중요성을 강조하였으며, 2006년에 입안된 제7차 FP(Framework Programme for Research and Technological Development)를 통해 융합 기술 개발 확대 계획 및 집행 전략을 구체화하였다. 이를 통해 IT, BT, 교통, 에너지 등의 융합 부문을 중심으로 2007년부터 2013년까지 총 727.6억 유로의 투자를 집행하였다.

EU 집행위원회는 2008년에는 미래 융합 산업 경쟁력 강화 및 조기 글로벌 경쟁력 확보를 위해 의료, 섬유, 건설, 바이오 등 6대 선도 시장 육성 전략을 발표하고 부문간 융합을 촉진하기 위한 다양한 프로그램과 투자를 집행하고 있다.

2009년 수립된 Future Internet 2009를 통해 EU는 IT 기반 융합의 중요성을 역설하고 집중적인 연구 개발 투자를 권장하고 있다. EU의 개별 국가에서 IT 기술 융합을 적극 추진하고 있는 나라로 영국(Building Britain's Future, 2009; Digital Britain, 2009), 프랑스(Digital France 2012, 2008), 독일(IKT 2020, 2007; Shaping the Digital Future in Germany, 2008)을 들 수 있다. EU와 역내 주요 국가는 그린 IT를 적극 추진하기 위한 전략을 설정하고 집행하고 있으며 특히 덴마크는 2007년 Green IT Action Plan를 수립하고 녹색 전략의 핵심으로 IT 기술과의 융합을 적극 추진하고 있다.

3.3.4 일본

일본은 2001년 제2차 과학 기술 기본 계획을 통해 IT, BT, NT, ET를 4대 전략 부문으로 설정하고, 일본이 강점을 지니는 제조 기술과 융합 기술과의 결합을 통해 상용화 전략을 추진하였다. 또한 일본 경제산업성은 2004년 신산업 창조 전략을 수립하고 IT, BT, NT 등 신기술간 융합 혁신을 통해 7대 신성장 산업을 집중 육성하는 산업 전략을 실행하였다.

일본은 본 전략을 통해 연료 전지, 정보 가전, 로봇, 콘텐츠, 보건 의료, 환경 에너지, 비즈니스 지원 서비스의 7개 분야를 단기간 실용화가 가능한 기술 융합 분야로 선정하고 기술 개발과 상용화를 위한 집중 투자를 집행하였다. 일부 분야에서는 세계 최고의 기술 선점이라는 성과를 이룩하기도 하였다.

2006년에 제3차 과학기술기본계획과 총리실 산하의 IT 전략 본부 주관으로 IT와의 융합을 통해 의료, 환경, 안전 등의 분야에서 구조 개혁과 사회 문제 해결을 위한 IT 신개혁 전략을 수립하였다. 일본은 본 과학기술기본계획을 통해 기술 융합의 중요성을 강조하고 신흥 영역과 융합 영역을 중심으로 연구 개발을 촉진하는 계획을 수립하였다. 또한 IT 신개혁 전략을 통하여 연구 개발 중점 추진 분야로 세계를 선도하는 IT 기술과 다른 분야의 융합을 촉진하는 IT 기술로 구분하고 각각 집중적인 투자를 실행하였다. 2007년 총리 주관으로 수립된 이노베이션 25를 통해 2025년 일본 사회의 5대 목표를 설정하고 이를 달성하기 위한 기술 전략과 기술 로드맵으로 IT 기반 융합 기술을 선정하였다.

총무성은 2008년 일본의 국제 경쟁력 강화를 위한 ICT 연구 개발 표준화 전략을 핵심으로 하는 UNS II 전략을 수립하고 집중 실행하고 있다. 유니버설 커뮤니케이션 기술(U), 신세대 네트워크 기술(N), ICT 안심안전기술(S) 등을 중점으로 연구 개발하며 UNS 기반으로 융합 산업 촉진 및 국민의 디지털 사회 실현 추구를 목표로 하고 있다. 본 전략은 동년도에 발표된 ICT 성장력 강화 플랜과 연계되어 ICT 활용을 통한 기존 산업의 혁신 및 디지털 역량 강화 추구로 이어지고 있다. 특히 일본은 2009년도에 스마트 u-Network 사회 실현 계획, i-Japan 전략 2015 를 국가 발전 전략으로 설정하고 경제 산업성을 중심으로 〈미래 기술 전략 지도 2025〉를 발간하였다.

이 전략들은 IT 기술을 기반으로 융합의 촉진을 골자로 한다. IT 기술 융합을 통한 그린 전략의 핵심으로 일본은 2007년 그린 IT 이니셔티브(Cool Earth 50) 와 2008년 저탄소 사회 비전을 통해 그린 전략을 중점 추진하고 있다.

그린 IT를 통해 탄소 배출 감축 효과를 극대화하고 환경 보호와 경제 성장이 양립하는 사회를 목표로 IT 기술 분야 에너지 절약과 IT 기술을 활용한 에너지 절약을 추진하고 있으며 산·학·관·연이 중심이 되어 그린 IT 추진협의회를 운영하고 있다.

3.4 그린 IT 융합 기술 방향 및 앞으로 전망

에너지 절감/효율성 향상 및 탄소 배출량 감소를 목표로 하는 그린 IT 기술은 IT 부문에서의 "IT 산업의 친환경화"(Green for IT)와 비 IT 분야에서의 "IT 기술을 활용한 타산업의 친환경화"(Green for IT)로 크게 나눌 수 있다.

IT 산업의 친환경화 부문에서는 당분간 가상화와 클라우드 컴퓨팅, 그리고 그린 데이터 센터가 지속적인 관심을 받을 것으로 예상된다. IT 기술을 활용한 타 산업의 친환경화 부문에서는 스마트 그리드(Smart Grid), 그린 빌딩, 녹색 물류 등이 있고, 이외에도 산업별로 IT 기술을 활용하는 방안이나 기술들이 등장하리라 예상된다.

3.4.1 IT 산업의 친환경화(Green for IT)

(1) 그린 데이터 센터

IDC(Internet Data Center)가 그린 IT에서 주목을 받는 이유는 크게 두 가지이다. 첫 번째 이유는 IDC 자체가 하나의 중소도시 규모의 전력을 사용하기 때문에 IDC가 소비하는 전력량을 줄임으로써, 전체 전력 소모량을 줄일 수 있기 때문이다. 두 번째 이유는 IDC를 구성하고 있는 각 요소(건물, 냉각 장치, 전원 시설, IT 장비 등) 별 전력 소비량 감축 방안이 IDC 이외에 다른 건축물이나 다른 산업 분야에도 동일하게 적용될 수 있기 때문이다. 하지만 에너지 효율이 극대화된 그린 데이터 센터의 구현은, IBM의 제안에서 보듯이, IT 이외에 건축 설계 또는 냉방/공조 기술 등 비 IT 요소들을 많이 포함하고 있으며, 통합적인 접근이 필요하다.

(2) 가상화

가상화(Virtualization)는 서버, 스토리지 등 물리적 하드웨어와 운영체제를 분리하여 하나의 컴퓨팅 시스템을 여러 개의 자원으로 분리하여 사용하는 등 컴퓨터 자원의 활용도와 유연성을 높이는 추상화 기술이다.

가상화가 적용될 수 있는 정보 자원은 서버, 저장 장치 네트워크 등의 하드웨어 외에도 운영체제, 응용 프로그램 등의 소프트웨어도 포함된다.

서버 가상화는 물리적인 서버의 수와 종류, CPU, 운영체제 등 서버 자원을 사용자로부터 숨기는 것을 의미한다.

서버 가상화가 이루어지면, 사용자는 서버의 수나 종류에 관계없이 자신의 응용프로그램을 실행할 수 있게 된다. 이때, 서버 관리자는 소프트웨어를 사용하여 하나의 물리적 서버를 다수의 독립된 가상 서버로 분리하는데, 이들을 가상 개인 서버, 파티션, 게스트 인스턴스 등으로 부르고 있다.

서버 가상화 방법에는 가상 기계 모델, 의사 가상 기계 모델, 운영체제에서의 가상화의 세가지 종류가 있다. 가상 기계 모델은 VMWare와 마이크로소프트 사의 Virtual Server가 채택하고 있는 방법으로, 각각의 게스트는 가상의 하드웨어에서 수행되므로, 서로 다른 운영체제들이 한 가상기계에서 수행될 수 있다. 게스트가 실제의 컴퓨터 자원을 사용할 때에는 CPU에 대한 명령을 수행하기 위해 하이퍼바이저(또는 가상기계 모니터)을 사용한다.

의사 가상 기계 모델은 Xen과 UML이 채택하고 있는 모델인데, 가상 기계 모델과 마찬가지로 여러 운영체제의 수행이 가능하다. 가상 기계 모니터를 사용하지만, 가상 기계 모니터가 게스트 운영체제의 코드를 수정하는 점이 다르다. 운영체제 수준의 가상화는 호스트/게스트 패러다임에 기반을 두지 않고, 호스트의 운영체제 커널이 다수의 격리된 사용자 공간 인스턴스를 허용하는데, 각 인스턴스 소유자에게는 별도의 서버로 보인다. Virtuozzo와 Solaris Zones가 채택하고 있는 방식으로 많은 수의 상호 비신뢰적인 사용자들에게 제한된 하드웨어 자원을 안전하게 할당하는 데 유용하므로 호스팅 환경에서 주로 사용된다.

데스크탑 가상화는 PC, 응용프로그램, 파일, 데이터 등을 물리적 기계로부터 독립시키는 것을 의미한다. 가상화된 데스크탑은 하나의 PC에 저장되는 대신, 원격의 서버에 저장할 수 있으므로, 사용자는 임의의 PC로부터 중앙 서버에 저장되어 있는 자신의 데스크탑 환경에 접근하고 사용할 수 있다.

사용자 입장에서는 PC를 유지할 필요가 없어 비용이 절감될 수 있고 보안이 강화되며, PC에 접근할 수 없는 상황에서도 업무를 중단 없이 처리할 수 있는 장점이 있다.

스토리지 가상화는 스토리지와 소프트웨어 사이의 연관성을 단절시키는 것을 의미한다. 저장 장치를 가상화하면 저장 장치가 어디든지 있을 수 있으며, 장치의 종류와도 무관하다. 성능향상을 위한 복제도 가능할 뿐 아니라, 신뢰성도 높일 수 있다.

가상화 기술은 다음과 같은 기능의 수행을 통해 그린 IT를 실현할 수 있다.

- 저장 장치 통합

- 고용량의 디스크 사용

- 보다 적은 수의 디스크로 디스크 실패 대비

- 데이터의 보다 효율적인 저장장치 이동

- 저장장치의 이용률 향상

- 효율적인 백업 장치의 사용

- 테스트와 개발용 저장 장치 사용의 최소화

- 저장 장치의 전력 효율성 측정

3.4.2 민간 기업의 그린 IT 기술 추진 동향

국내외 IT 기업들의 그린 IT 기술 개발 및 시장 진출도 활발하게 진행되고 있다. 비용 발생 요인으로 인식되던 기존 환경 규제와 달리 기후 변화 대응에 초점을 두고 있는 그린 IT는 전력 소비와 탄소배출권 구입 비용을 절감하는 조치로 인식되어 기업들이 적극적인 입장을 취하고 있다. IBM, Google, MS, CISO 등 글로벌 IT기업들은 자사의 IT 환경을 환경 친화적으로 개선하고 원격 근무, 화상 회의, 지능형 물류 시스템, 건물 에너지 관리 시스템 등 그린 솔루션 도입을 선도하면서 축적된 노하우와 지식을 바탕으로 그린 IT를 새로운 비즈니스 모델로 육성하여 수익을 창출하고 있다.

(1) 글로벌 IT 기업 그린 IT 추진현황

IBM은 친환경 저전력 컴퓨팅 정책으로 'Big Green Project'를 추진하면서 그린 IT 기술 개발에 연간 10억 달러를 투자하고 있다. IBM 데이터 센터의 컴퓨팅 용량을 두배 늘리면서도 전력 소비는 증가하지 않도록 하기위해 서버 가상화 기술과 시스템 관리의 통합 SW 기반 전력 관리등을 도입하여 전력 절감 및 자원 효율화를 도모하고자 하고 있다. 아울러 데이터 센터 중심의 그린 IT 개념을 확장하여 급변하는 환경에서 생존하기 위한 미래 비전으로 'Smarter Planet'을 제시하고 있다. Smarter Planet은 첨단 IT 기술을 활용하여 사회 시스템 및 인프라를 지능화하여 사회 전반에서 새로운 가치를 창출한다는 IBM의 녹색 성장 비즈니스 모델이라 할수 있다.

MS는 가상화등 SW를 활용한 그린 컴퓨팅을 추진하여 서버를 감축하고 200만 달러 이상의 비용 절감 효과를 얻고 있다. 다중 서버 그룹에 대해 센서를 통한 모니터링과 전체적 부하 조정 알고리즘을 개발하여 전력 소비를 30% 이상 절감하였다.

Sun Microsystems는 원격 근무시스템 'OpenWork'를 도입하여 사무 공간을 17% 줄이고 운영비 533억원을 절감하였으며 직원의 약 55%가 원격 근무에 참여하여 연간 CO_2 29,000톤을 감축하고 있다.

Google은 고효율 파워 서플라이, 팬 속도 자동 조절 등으로 서버 전력 소비를 절감하고 있으며 수냉방식 도입, 태양광 등 재생 에너지 사용 증대를 통해 데이터 센터 그린화에 주력하고 있다. 아울러 재생 에너지 사용 확대를 위한 계획으로 'RE〈C 이니셔티브(Renewable Energy Cheaper than Coal initiative)'를 추진하여 9,000개 이상의 태양 전지판을 설치하고 1.6MW 규모의 자체 전력 생산 설비를 구축하였다.

CISCO는 지속 가능한 도시 구현을 위한 그린 네트워크 비전을 제시하고 커넥티드 버스 스마트 워크 센터 u-시티 등의 사업을 전략적으로 추진하고 있다. 네덜란드 Almere에 세계 최초의 스마트 워크 센터를 구축한바 있으며 국내에서도 송도 경제 자유 구역에 20억달러를 투자하여 '시스코 글로벌 센터'를 설립하고 지능형 도시 구축 사업을 전개할 계획이다.

FUJITSU는 1993년부터 '친환경정책21'을 추진하여 4단계 계획을 마치고 현재 5단계 계획을 추진하고 있다. FUJITSU는 IT 제품 전력 소비를 50% 절감하고 ITS, BEMS, SCM 등 그린 솔루션을 적극 보급하여 CO_2 700만톤 감축에 기여한다는 목표로 그린 IT 사업을 활발히 전개하고 있다.

BT(British Telecom)는 화상 회의를 적극적으로 활용하여 면대면 회의를 연간86만회 감소하였으며 CO_2 97,268만톤을 감축하였으며 출장 경비도 1억 3,500만파운드를 절감하였다.

개별 기업이 아닌 산업 협회나 민간 NGO의 그린 IT활동도 활발하다. 주로 IT 기업들이 그린 IT 공동 대응을 목적으로 설립한 연합체들이지만 세계 자연 보호 기금등의 환경 단체가 가세하면서 국제적으로 적지 않은 영향력을 발휘하고 있다. 대표적인 단체로는 Green Grid, Climate Savers Computing Initiative(CSCI), Globale-Sustainability Initiative(GeSI), European Telecommunications Network Operators' Association(ETNO) 등이 있다. Green Grid 는 데이터 센터 에너지 효율성 향상을 목적으로 2006년 설립된 단체로 IBM, HP, AMD, Intel등 11개 IT 기업이 회원사로 참여하고 있다. 데이터 센터를 비롯한 제반 설비의 에너지 효율성 제고를 위한 기술과 가이드 라인 및 측정 모델을 제공하고 있으며, 특히, 데이터 센터 효율성 지표인 PUE(Power Usage Effectiveness)는 전세계적으로 활발히 적용되고 있다. CSCI는 저전력 컴퓨터 제품 사용 증진을 위해 2007년 설립된 단체로 Google, MS 등 IT 기업과 세계 자연 보호 기금등 환경 단체가 참여하고 있다.

GeSI는 IT 부문의 지속 가능성 향상을 위해 2001년 설립된 비영리 단체로 UN 환경 계획(UNEP)과 국제 전기 통신 연합(ITU) 등과 협력하여 IT 제조 업체 및 통신 사업자 등 IT 산업 전반의 지속 가능성을 지원하고 있다.

GeSI는 2020년까지의 전 세계 IT 부문의 CO_2 배출 전망과 IT를 통한 CO_2 감축 잠재량을 분석한 보고서 'SMART 2020'을 발표하였으며 보스턴 컨설팅 그룹(BCG)과 공동으로 SMART 2020 미국편 보고서를 발간하였다.

ETNO는 BT, FT, DT, Swisscom 등 유럽 지역 유무선 통신사업자들로 구성된 연합회로 IT 기업의 사회적 책임 실행 방안으로 그린 IT 추진 및 '지속가능성 헌장'을 발표하였다. 통신 부문 전력 소비 절감을 위한 의식제고, 기술개발, 지침 마련, 최적 모범 사례 발굴 및 공유 등의 활동을 전개하고 있다.

(2) 국내 IT 기업 그린 IT 추진현황

국내 기업들 역시 그린 IT 기술 개발 및 서비스 도입을 위해 노력하고 있지만 아직은 초기 단계로 많은 노력이 필요할 것으로 판단된다. 삼성전자는 저전력 LED 노트북, 태양광 휴대폰등 친환경 제품 개발을 확대하고 있다.

친환경 공급망 구축을 위한 '에코파트너 제도'와 친환경 저전력 제품 생산 및 글로벌 환경 규제 대응을 위한 '에코 디자인 제도'를 도입하고 있다. 아울러 환경 안전 시스템, 통합 방재 시스템, 친환경 제품 개발 시스템, 유해 물질 관리 시스템 등 시스템 기반으로 사업장 환경을 관리하기 위해 노력하고 있다.

3.4.3 앞으로의 전망

아래의 〈그림 3-5〉와 같이 그린 IT분야 년도별 특허 출원현황(한국, 미국, 일본, 유럽, 중국, PCT / 2000~2011년)을 살펴보면 절전 기기 및 시스템은 2000년에 270건의 특허가 출원되었으며, 가파른 증가세로 2008년에는 511건의 특허를 출원한 것으로 나타나고 있다.

〈그림 3-5〉에서는 그린 IT관련 년도별 특허 출원 동향을 나타낸다.

각 기술들의 특허 건수와 특허 활성화 기술 라이프 사이클 그래프를 나타낸 것이다. 〈그림 3-5〉에서 볼 수 있듯이, 지속적으로 성장을 하며 성장 곡선이 특허 활성화 기술 라이프 사이클 그래프와 가장 유사한 형태를 나타내는 그래프는 스마트 전력관리 시스템 등의 분야이다.

이에 대해 〈그림 3-6〉에서와 같이 국가별 각 분야에 대한 특허 활동도를 살펴보면 우리나라는 조명 제어 시스템과 그린 하우스/에코 시스템 분야에 집중하고 있다. 미국에서는 클라우딩 컴퓨팅 분야에, 일본에서는 절전기기 및 시스템 분야 및 그린하우스/에코시스템 분야에 상대적으로 많은 연구를 진행하고 있는 것으로 나타났다.

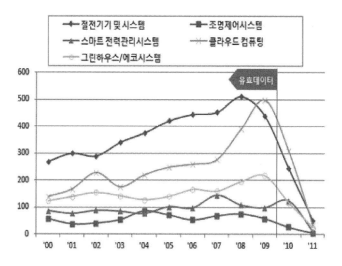

〈그림 3-5〉 그린 IT관련 년도별 특허 출원동향

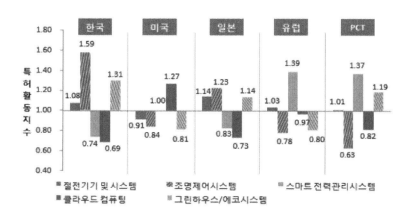

〈그림 3-6〉 국가별 특허 출원 활동 지수

우리나라의 경우 조명 제어 시스템, 그린 하우스/에코 시스템 분야에 강점을 가지고 있으므로 이를 스마트 전력 관리 시스템 분야에 강점을 가지고 있는 유럽 국가와 공동 연구를 통한다면, 효율적인 연구 개발이 이루어질 것으로 예상된다.

아래 〈그림 3-7〉의 Springboard 리서치의 자료에 따르면 인도의 Green IT 연평균 성장률이 77.65%로 우리나라보다 훨씬 높은 성장률을 보이고 있다.

IT 분야 리서치 전문업체인 가트너(Gartner)사는 인도 정부의 대대적인 지원 아래 2012년 인도의 그린 IT 및 지속가능성 관련 투자는 약 450억 달러에 이르며, 2015년에는 700억 달러에 이를 것으로 전망되었다.

이처럼 그린 IT 분야의 성장은 특정 선진국이나 국가들만의 성장을 보이는 것이 아니라 글로벌 환경 규제와 지구 온난화 문제를 해결하기 위한 기술로서 매우 빠르게 발전하고 있는 분야인 것이다.

(단위: 백만 달러, %)

Market	2007	2008	2009	2010	2011	CAGR % (07-11)
ANZ	90	166	283	446	652	64.16
ASEAN	45	84	148	245	375	69.62
Greater China	52	97	166	283	447	70.98
India	23	46	86	152	230	77.65
Korea	36	66	114	184	293	68.76
ROAP	2	4	6	11	17	71.02
Total	249	462	805	1,320	2,014	68.71

출처 : springboard 리서치

〈그림 3-7〉 한국, 인도, 중국등의 그린 IT 년 평균 성장률

위 〈그림 3-7〉은 한국, 인도, 중국의 그린 IT 년 평균 성장률을 나타낸다. 위 그림을 보면 인도같은 경우 그린 IT 성장이 다른 나라에 비해서 빠르다는 것을 알 수 있다. 발달된 IT 기술을 바탕으로 하여 그린 IT 기술을 빠르게 적용하고 있다는 것을 알 수 있다. 한국의 경우도 68% 정도의 고 성장을 하고 있다. 이와 같이 그린 IT 기술은 고성장을 하는 산업 분야라는 것을 알 수 있다.

참고문헌

[1] 홍진배, "녹색성장과 그린 IT국가 전력의 이해", 과학기술정책, 2009.8

[2] NIA 발간 보고서, "녹색성장으로 가는 지름길, 그린 IT", pp.1-18, 2011.11.

CHAPTER 4

스마트 그리드
(Smart Grid)

스마트 그리드(smart grid)는 기존의 전력망에 정보기술(IT)을 접목하여 전력 공급자와 소비자가 양방향으로 실시간 정보를 교환함으로써 에너지 효율을 최적화하는 차세대 지능형 전력망이다. '발전(發電)-송전·배전-판매'의 단계로 이루어지던 기존의 단방향 전력망에 정보기술을 접목하여 전력 공급자와 소비자가 양방향으로 실시간 정보를 교환함으로써 에너지 효율을 최적화하는 '지능형 전력망'을 가리킨다. 발전소와 송전·배전 시설과 전력 소비자를 정보 통신망으로 연결하고 양방향으로 공유하는 정보를 통하여 전력 시스템 전체가 한 몸처럼 효율적으로 작동하는 것이 기본 개념이다.

스마트 그리드를 활용하여 전력 공급자는 전력 사용 현황을 실시간으로 파악하여 공급량을 탄력적으로 조절할 수 있다. 전력 소비자는 전력 사용 현황을 실시간으로 파악함으로써 이에 맞게 요금이 비싼 시간대를 피하여 사용 시간과 사용량을 조절할 수 있다. 태양광 발전이나 연료전지, 전기 자동차의 전기 에너지 등 가정에서 생산되는 전기를 판매할 수도 있게 된다.

또 전력에 대해서 자동 조정 시스템으로 운영되므로 고장 요인을 사전에 감지하여 정전을 최소화하고, 기존 전력 시스템과는 달리 다양한 전력 공급자와 소비자가 직접 연결되는 분산형 전원 체제로 전환되면서 풍량과 일조량 등에 따라 전력 생산이 불규칙한 한계를 지닌 신재생 에너지 활용도가 증대된다. 신재생 에너지 활용도가 높아지면 화력 발전소를 대체하여 온실 가스와 오염 물질을 줄일 수 있게 되어 환경 문제를 해소하는 데도 도움이 된다.

이처럼 스마트 그리드 기술은 많은 장점을 지니고 있어 세계 여러 나라에서 차세대 전력망으로 구축하기 위한 사업으로 추진하고 있다. 한국도 2004년부터 산학연구 기관과 전문가들을 통하여 기초 기술을 개발해왔으며, 2008

년 그린 에너지 산업 발전 전략의 과제로 스마트 그리드를 선정하고 법적·제도적 기반을 마련하기 위하여 지능형 전력망 구축 위원회를 신설하였다.

2009년 6월에는 가전 제품과 네트워킹을 통하여 전력 사용을 최적화하고 소비자에게 실시간 전기 요금 정보를 제공하는 전력 관리장치 '어드밴스트 스마트 미터(Advanced Smart Meter)'와 전기 자동차 충전 인프라, 분산형 전원(배터리), 실시간 전기 요금제, 전력망의 자기 치유 기능, 신재생 에너지 제어 기능, 직류(DC) 전원 공급, 전력 품질 선택 등을 필수 요소로 하는 '한국형 스마트 그리드 비전'을 발표하였다. 또 제주 특별 자치도를 스마트 그리드 실증 단지로 선정하고, 2010년부터 본격적으로 기술 실증에 착수한 뒤 2011년부터 시범도시를 중심으로 대규모 보급을 시작하며, 2020년까지 소비자 측 지능화를, 2030년까지 전체 전력망 지능화를 완료할 계획이다.

4.1 스마트 그리드 개념

우리가 신용카드를 얼마나 사용을 했는지 쉽게 확인할 수 있듯이 전기 사용량을 실시간으로 확인 할 수 있는 것이 있다. 이것이 '스마트 그리드(Smart Grid)' 기술이다. 스마트 그리드는 기존의 전력망에 정보기술(IT)을 접목시켜 전력 공급자와 소비자가 실시간으로 양방향 정보를 교환할 수 있는 전력망이다. 일반적으로 전기 생산은 안정적인 공급을 위해 대량 보급을 하게 되어 버려지는 전기가 발생하게 된다. 또한 우리나라는 대부분의 전기 생산 원료를 수입에 의존하고 있기 때문에 에너지 의존도가 높다.

스마트 그리드는 버려지는 전기를 최소화하고 스스로 전기를 사용하는 소비 형태를 바꾸기 위해 등장한 기술이다. 스마트 그리드를 통해 전력 소비자는 전력 사용 현황을 실시간으로 파악하고 스스로 사용량을 조절하거나 전기 사용료를 선택할 수 있다. 그리고 태양광 발전과 같은 자가 발전을 통해 얻은 전기를 공급자에게 판매 할 수 있다. 또, 자동 조정 시스템을 통해 전기 관련 시스템의 고장 요인을 감지하여 정전의 피해를 최소화 할 수도 있다.

전력 공급자들은 전력 사용 현황을 실시간으로 파악할 수 있어 화석 에너지 이외의 신재생 에너지의 활용도를 높일 수 있다. 유동적으로 신재생 에너지와 화석 에너지를 사용함으로써 풍량, 일조량 등 신재생 에너지의 불규칙한 전력 생산 한계를 극복할 수 있다. 신재생 에너지 사용을 통해 이산화탄소(CO_2) 발생량과 발전소의 규모를 줄일 수 있다. 그리고 화석 연료 고갈을 대비하고 원료 수입 의존도를 낮출 수 있을 것이다.

우리나라는 2004년부터 스마트 그리드 기술을 개발하기 시작했다.

2011년, 제주도를 시범 도시로 보급을 시작하고 2030년까지 전국을 목표로 기술 개발을 하고 있다. 우리나라는 스마트 그리드 구축에 좋은 조건을 갖고 있다. 첫 번째로 세계 최고의 인터넷망이다. 세계적으로 우리나라의 인터넷 속도와 질은 기술적으로 우수하다고 할 수 있다. 두 번째는 단일 전력 회사 운영 형태를 취하고 있다는 것이다. 우리나라 전체의 전력 공급은 한 곳에서 담당하고 있기 때문에 공급량을 쉽고 빠르게 파악할 수 있다는 것이다. 세 번째로 조밀한 국토가 스마트 그리드를 운용하기에 유리하다는 것이다.

우리나라는 다른 나라에 비해 인구밀도가 높고 면적이 작아 전력망 구축에 유리한 조건을 가지고 있다.

세계적으로 미국, 유럽, 일본, 중국 등 여러 국가들도 스마트 그리드사업을 진행하고 있다. 스마트 그리드의 세계적인 시장 규모는 2011년 289억달러를 시작으로 2017년 1,252억달러로 예상하고 있다. 2030년에는 2조9800억달러(약 3100조원)로 꾸준히 성장할 것으로 보고 있다.

스마트 그리드를 통하여 신재생 에너지 사용을 늘리는 것 뿐 만 아니라 소비자들 스스로의 자발적인 에너지 절약을 유도 할 수 있을 것이다.

스마트 그리드 기술에 대한 특징은 다음과 같다.

• 소비자의 적극적인 참여
• 분산 전원(신재생에너지)의 확대와 저장 기능 강화
• 새로운 전력 시장 창출
• 고품질 전력

- 자산 최적화 및 운영 효율화

- 고도화된 전력망 감시·보호 및 자기치유

- 전기차 인프라 제공

〈표 4-1〉 기존 전력망과 스마트 그리드 비교

항목	기존 전력망	스마트 그리드
전원 공급 방식	중앙 전원	분산 전원
에너지 효율	30~50%	70~90%
전력 흐름 제어	Demand-pull 방식	전력흐름에 따른 세부 제어
발전 특성 및 네트워크 토폴로지	대도시 인근의 중앙 집중식 방사형 구조	최적 자연조건을 활용하는 분산형 네트워크 구조
통신 방식	단방향 통신	양방향 통신
기술 특성	아날로그/전자기계적	디지털
장애 대응	수동 복구	자동 복구
설비 점검	수동	원격
가격 정보	제한적 가격 정보	가격 정보 열람 가능

출처 : ABB, 2009

위 〈표 4-1〉은 기존 전력망과 스마트 그리드 비교한 표이다. 기존 전력망은 전원 공급 방식이 중앙 집중 형태인 반면 스마트 그리드는 분산 전원 형태를 취한다. 설비 점검 등에 있어서 기존 방식은 수동 방식인데 비하여 스마트 그리드는 원격 방식으로 이루어진다.

4.2 스마트 그리드 주요 기술

지능형 차세대 전력망으로서 전력량에 대한 실시간 측정과 에너지 분산 처리 및 저장 기술은 중요하다. 이러한 기술과 관련된 설명은 아래와 같다.

- 스마트 그리드 기술은 기존 전력망에 통신 기술을 접목시켜 수급간의 실시간 양방향 정보 전달을 통한 에너지 사용 효율화를 제고하는 전력 관리 시스템이다.
- 소비자의 전력 소비 행태를 바꾸고 전력 쏠림으로 인한 발전 원료비 절감을 위해서는 실시간 측정 및 에너지원의 분산 처리 및 저장 기술이 중요하며 특히 공·수급자 사이의 양방향 정보 전달 인프라인 AMI(Advanced Metering Infrastructure)가 핵심 기술이다.

  스마트 그리드 기술의 핵심은 공급자·수급자 사이의 양방향 정보전달 인프라인 AMI 기술이 핵심이다.

〈표 4-2〉 스마트 그리드 관련 기술

관련 기술	설명
ICT (Information Communication Technology)	전기 생산자와 소비자 간의 정보 인터랙션을 가능케 하는 기술, 소비자의 전기사용시간, 용도와 관련한 정보를 제공
RTP (Real Time Pricing)	수급상황별 차등 요금제 적용과 전기사용처(가전기기, 전기자동차, 공장설비) 별 특성에 맞는 전기량과 가격이 자동 조절되도록 하는 기술

관련 기술	설명
시스템 보호 장치	태양열, 풍력, 재생에너지 등 소형 발전원을 포함하는 전력공급망의 확대로 인한 생산량 변동성과 시스템 안정도 하락을 막기 위한 기술
EMS (Energy Managment System)	수많은 발전원을 지역단위로 나눠 정보를 관할하도록 할 수 있게 하는 기술
DR (Demand Response)	전력공급사항, Peak 부하율, 전력생산/공급가격에 따라 소비자가 반응토록 하는 서비스 관련 기술
AMI (Advanced Metering Infrastructure)	통신기능이 추가된 스마트 미터와 전력사업자간 정보 교환을 통해 고객 전력수요를 조절하는 통신망 구축과 관련된 기술
AMR (Automatic Meter Reading)	통신망을 활용해 원격 검침데이터를 전력회사의 서버로 집송, 검침 및 현장관리를 가능토록 하는 시스템 관련 기술

EMS라는 분산형 에너지 관리 기술도 반드시 요구된다. 스마트 그리드가 확산될수록 원자력, 화력 등 대규모 발전 시스템이 아닌 풍력, 태양열, 수력, 조력 등 다양한 재생 에너지를 생산하는 소형 발전기(마이크로 그리드) 등이 분산되어 설치된다. 더구나 분산된 발전원들은 기존 발전 시스템에 비하여 전력공급의 안정성이나 품질이 떨어질 수 있기 때문에 상시적인 모니터링과 품질 유지를 위한 장치가 필요하다. 마지막으로 저장 설비 관련 기술이 중요한 기술이라 할 수 있다. 현재는 양수 발전소가 이와 같은 역할을 하고 있지만 전력 저장 기술의 발달은 전력 수요의 분산과 대체 발전원의 출력 변동 리스크도 줄일 수 있기 때문이다. 또한 전기차의 수요 확대와 더불어 전력 저장 장치는 중요한 구성 요소라 할 수 있다.

스마트 그리드는 스마트 미터링을 가능케 하는 AMI, 분산 에너지원을 관리하는 EMS(Energy Management System), 소비자가 전력 가격에 따라 반응할 수 있게 하는 DR(Demand Response), 재생 에너지 및 전기차 등과 관련한 에너지 저장 설비, 배전 자동화 시스템 등이 구성 요소라 할 수 있다.

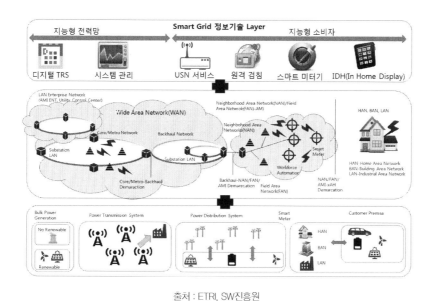

출처 : ETRI, SW진흥원

〈그림 4-1〉 스마트 그리드 구성도

이러한 스마트 그리드의 구성 요소에 있어서 수용가와 전력 회사 간의 스마트 미터링을 구현하는 AMI가 핵심이다. 스마트 미터링은 단방향 원격 검침인 AMR이 진화된 형태로서 수용가와 전력 회사 간 전력 소비량의 실시간 측정 뿐 만 아니라 사용 중인 전력의 품질, 서버와의 통신, 공급자와의 사전 계약을 바탕으로 전력 소비량을 자동으로 제어하는 기술 등을 포함한다.

AMI는 스마트 미터링을 통하여 실시간 요금제를 제공할 수 있고 사용자에

게 수급상황에 따라 변화하는 예상 가격을 하루 전이나 수 시간 전에 알려줌
으로써 사용자로 하여금 능동적인 에너지 조절(DR)을 가능토록 한다. 또한
DR이외에도 전력 회사 측면에서 전력 부하를 예상하고 제어 및 정전 관리를
가능토록 함으로써 효율적인 부가서비스를 제공할 수 있게 된다.

4.2.1 AMI(Advanced Metering Infrastructure) 기술

AMI 기술은 오픈 아키텍처(Open Architecture)를 통하여 수요자와 공급자
간에 정보의 전달을 가능하게 하는 기술로 소비자의 전력 사용 정보 등을 보
내주는 스마트 미터(Smart Meter)와 스마트 미터가 생성한 자료를 전송하는
네트워크 시스템 등으로 구성된다.

AMI는 실시간 지불 시스템, 과부하 관리 시스템 및 사용자의 전력 사용 습
관등 광범위한 전력 관련 정보의 데이터베이스 구축을 통해 이러한 정보를
활용하는데 사용된다. AMI 기술은 수요와 공급이 기반이 되는 실시간 전력
시장의 기반 기술이다. AMR(Automatic Metering Reading) / AMI 시스템의
활용 분야는 다음과 같다.

〈표 4-3〉 AMR/AMI 시스템 활용 분야

범주	AMR(자동검침시스템)	AMI(첨단검침인프라)	
요금	에너지 총 소비량	• 에너지 총 소비량 • 피크 요금제(CPP)	• 계시별 요금제(TOU) • 실시간 요금제(RTP)
DR	–	• 부하제어 • 수요 예측	• 소비자 입찰 • 임계 피크 리베이트제

범주	AMR(자동검침시스템)	AMI(첨단검침인프라)	
소비자 피드백	월별 요금	• 월별 요금 • Web 디스플레이	• 월별 상세 내역 • In Home Display(IHD)
소비자 요금 절약	수동적인 가전기기 turn off	• 가전기기 turn off • 수동/자동 제어	• 최대 부하이전
고장	고객 알림	• 자동 검출 • 개별적 가정에서의 복구 확인	
배전 운영	Engineering model 사용	• 동적, 실시간 운영	

스마트 미터는 소비자의 실시간 소비량 및 패턴 등의 계량화 및 실시간 가격 정보를 전달하는 AMI의 기반 시스템이다. 공급자 및 수요자의 정보를 상호 소통하게 해주는 일종의 게이트웨이(Gateway)로 향후 다양한 사업 기회가 파생될 것으로 보인다.

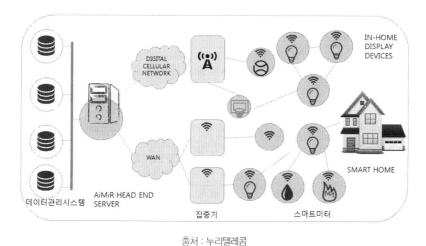

출처 : 누리텔레콤

〈그림 4-2〉 AMI 구성도

스마트 미터를 이용하면 가정의 세탁기와 난방기는 자동으로 AMI에 접속하여 가격이 일정 밴드에 있을 때에만 작동할 수 있도록 설정할 수 있다. AMI 기능의 원활한 구현을 위해 소비자와 대형 공급자간 다양한 통신 네트워크가 요구되며 아직까지 표준적인 기술은 확립되지 않고 있다.

스마트 미터는 새로운 통신 기술의 적용과 함께 양방향 통신을 지원하고 사용자에게 전력 사용 정보를 제공하여 DR을 통한 에너지 효율 향상을 촉진시키는 AMI의 핵심 장치이다. 스마트 미터는 프로그램이 가능한 전자식 계기로써 다음과 같은 기능을 포함하고 있다.

- 시간대별 요금제(TOU)
- 고객 및 전력회사를 위한 소비 데이터 수집
- 양방향 계량(Net-Metering)
- 정전 및 복전 알림
- 원격 부하 차단/복귀 동작
- 불성실 납부자 또는 수요 응답을 위한 부하 제한
- 에너지 선불 요금제
- 전력 품질 감시
- 도전 감지
- 댁내 지능형 기기와의 통신

스마트 미터는 사용한 전력량을 다양한 시간 구간 또는 간격으로 계량하고 이를 통신 기술과 연계하여 전력 회사는 각 고객들로부터 지속적으로 사용 정보를 읽어 들여 데이터베이스화한다. 현재 국내형 표준에 적합한 IEC 62056 적용 모델과 북미 지역의 미터 표준인 ANSI C12에 적합한 모델을 개발 완료하였다.

다음 〈표 4-4〉는 스마트미터 관련 타입과 관련한 기능별 비교 내용이다.

〈표 4-4〉 타입에 따른 스마트 미터 기능 비교

구분	E-type	표준형	G-type
양방향 계량	단방향 계량	단양방 계량	양방향 계량
계량 항목	유효전력량	2(수전 유효, 무효)	8채널 – 수전: 유효, 진상무효, 지상무효, 피상
계절별 구분	–	0	4계절, Summer Time
공휴일 지정	1	1~2	1~4
공휴일 지정	–	–	공휴일, 불규칙휴일 20일 (연간) 지정
계량 단위	자율 설정 –1/5/15/30/60분	2채널 15분 단위 90일	6채널 15분 단위 65일
역률 측정	지상역률(시간대별) : 과음용이 아니며 접촉 불량 상태검사로 활용	지상역률: 역률측정 시간대 원격 조정 불가	지상 및 진상 역률: 역 률측정 시간대 원격 조 정 기능 추가
원격 On/Off 제어	–	신호선 제공 방식	외부 탈착형 릴레이 • 선택 적용(Option) • 신호선 + 제어전원

구분	E-type	표준형	G-type
원격 소프트웨어 업그레이드	날짜, 검침일, 시간, LP 주기	–	계량 프로그램 항목 업그레이드 • 날짜, 검침일, TOU 테이블, 정기/비정기 휴일, 계절구분 등
원격 펌웨어 업그레이드	–	–	–
Tamper Detect 기능	–	–	Cover 열림, 자계 감지, 배터리 탈착
소전류 제한 기능	–	–	소전류 제한기능 추가 • -0.5~정격 전류까지 설정에 따라 외부에 신호제공
오결선 감지	역결선 감지	–	오결선 감지(3상 계기)

데이터 집중 장치 (Data Concentration Unit, DCU)는 AMI 네트워크 구축을 위해 다기종의 미터와 IHD(In Home Display) 등을 다양한 유·무선 통신으로 네트워킹 할 수 있는 장치이다. 수십에서 수백 가구 에너지 사용자의 에너지 사용 정보를 수집 및 전력 회사로 전송하는 AMI의 주요 장치이다.

DCU는 WAN을 통하여 유틸리티 영역과 연계하고, NAN(Neighborhood Area Network)을 통하여 HAN 영역의 스마트 미터, 유틸리티 연계 장치와 통신함으로써 유틸리티 영역과 HAN 영역을 연계하여 에너지 사용자의 에너지 사용 정보, 정전 정보, DR 정보 등을 전송한다. 또한, 유틸리티의 에너지 요금 정보, DR 정보, 다양한 전력서비스 정보를 에너지 사용자에게 전달하는 기능을 수행한다.

DCU는 장거리 전송을 위해서 HFC, Wibro, WiMAX, GSM, CDMA, Digital TRS, 광통신망 등의 액세스 네트워크가 WAN으로 이용되고, 스마트 미터와 연계하는 NAN으로는 PLC, ZigBee, Binary CDMA 등 근거리 통신 수단들이 주로 이용되고 있다.

수요 반응(Demand Response, DR) 장치는 수용가의 에너지 사용량, 요금 제도, 예상 요금 등 에너지에 대한 다양한 정보를 인지할 수 있고, 자발적으로 에너지 절감 프로그램에 동참할 수 있도록 의사 결정을 내린다. 수용가 내 조명, 냉난방, 가전기기 등의 부하들에 대한 임계치에 따른 자동 제어 또는 수동 제어를 할 수 있는 기능을 제공한다. 수용가 내 온라인 에너지 관리 시스템을 이용하여 실시간 부하 관리, 실시간 에너지 사용량 분석 및 이에 따른 미래 사용량 예측 정보 인지가 가능하다. 전기 기기의 에너지 사용량을 분석한 보고서를 제공받고 수용가 DR 프로그램에 따른 경제적 비용 절감액을 열람할 수 있기 때문에 자발적으로 에너지 절감에 참여할 수 있도록 유도할 수 있다.

4.2.2 스마트 그리드 통신 기술

AMI 구축 필수 요소인 유무선 통신 기술(PLC : Power Line Communication, ZigBee 등)을 통해서 데이터 통신이 이루어진다. AMI는 무선이나 PLC를 주요 통신 방식으로 채택하고 있다. 스마트 그리드 사업에 활용되는 통신 주파수는 공용 고주파로써 타 용도 무선 통신과 간섭 발생에 따른 효율성 및 경제성이 다소 저조하다. 주파수 2.4GHz 대역, 출력 10mW, 전송 거리 100m

내외로서 전송 거리 제약에 따라 20~30가구 당 DCU를 설치하여 경제성이 저하된다고 할 수 있다.

다음은 스마트 그리드 통신 방식을 정리한 내용이다.

(1) AMI 연계 통신 방식

- WAN(FEP/서버 ↔ DCU)은 HFC, 광, D-TRS 등 간선망 이용
- NAN에서는 주로 24Mbps의 BPLC 통신방식을 사용하고, 일부 구간에 Binary CDMA, 400MHz RF, ZigBee 통신방식 적용
- DCU 및 모뎀은 PLC, B-CDMA를 이용한 유·무선 통신방식 적용
- 모뎀 및 스마트미터 등 계량기는 ZigBee, RS485, IrDA 등 근거리 유·무선 통신

NAN 기술로 저속 PLC 통신 방식을 채택하고, 가스에 대한 AMI NAN 기술로 RF 통신방식을 채택한다.

- WAN은 무선 공중 통신망을 이용하여 전력 회사와 연계
- 북미의 경우, 기후적 요소와 광활한 국토에 따른 인프라 구축의 어려움 등으로 인해 유선 통신망보다는 무선 통신망(WiMAX/CDMA) 기술을 기반으로 백본망이 구축되고 있음

(2) AMI 네트워크 구조

AMI는 스마트 미터를 기반으로 미터링 디바이스와 통신하여 요구 시 또는 주기적으로 에너지 사용량을 측정, 수집, 분석하는 시스템으로 H/W, S/W, 통신, 소비자 에너지 디스플레이 및 제어, 소비자 관련 시스템, 미터 데이터 관리 소프트웨어, 공급 비즈니스 시스템을 모두 포함하고 있다. 시스템 구축을 위해서는 측정 디바이스와 비즈니스 시스템 사이의 정보 교환을 위한 양방향 통신 네트워크가 필요한데, 이를 AMI 네트워크라 하며, AMI 네트워크는 소비자로부터 운용센터에 이르기까지 HAN, NAN, WAN으로 구성된다.

먼저 HAN은 스마트 소비자의 다양한 역할 참여 및 서비스 제공을 위한 디지털 디바이스들 간 통신 전달 네트워크 기술로, 정보 가전의 제어와 응용 서비스를 디스플레이하기 위한 통신 네트워크이다. HAN내에서, AMI의 핵심 장치인 스마트 미터는 전자식 전력량계와 통신 네트워크 단말 기능을 수행하는데, 스마트 미터기에서 체크하는 전력 사용량을 PLC 기술과 ZigBee 기술, WiFi 기술 등 근거리 무선 통신을 통해 모니터링 할 수 있다.

NAN은 배전단 내 필드 영역의 모든 컴포넌트 연결을 위한 통신 네트워크 기술로, AMI에서는 스마트 미터와 데이터 집선 장치(Data Collection Unit; DCU) 사이의 연계 네트워크 기술을 의미한다. IEEE 802.11s WiFi 매시 기술, PLC 기술, ZigBee 기술 등이 대표적인 후보 기술이다.

WAN은 Core/Metro 및 Backhaul 네트워크로 구성되며, 미터 데이터 수집 단위에서 운용 센터로 데이터를 전달하는 통신 네트워크이다.

이더넷 기반의 유선 네트워크를 사용함으로써 중계 시스템 간의 연동이 가능하고, 전력 시스템과 관리 시스템 간에는 와이브로와 CDMA기술이 사용가능하고, 전력 시스템과 관리 시스템 간에는 와이브로와 CDMA기술이 사용가능하며, 최근에는 3GPP LTE 기술이 핵심 기술로 등장하고 있다.

(3) AMI 통신 기술

전기 사용에 대한 원격 검침, 사용 정보 획득, 개별 기기에 대한 원격 모니터링 및 제어, 전력 공급자와 소비자 간 정보 교환이 가능하게 하는 스마트 미터 및 AMI구축을 위해서는 전력 공급자와 소비자 간에 양방향 통신 인프라를 구축하는 것이 필수적이다. AMI 네트워크에서는 공급자 단말, 사용자 단말, 제어 단말 등 각 단위의 사용 환경에 최적화된 다양한 기술들을 적용하고 있다.

4.2.3 기존 AMI 통신기술

(1) PLC(Power Line Communication)

PLC 기술은 전력 공급의 전력선을 매체로 사용하는 통신 방식인데, 전력선을 타고 가정으로 들어오는 50~60Hz 주파수대의 교류 전기가 흐르는 구리 전기선에 고주파 통신 신호를 함께 보내고, 모뎀을 이용해 전기선에서 통신 신호만을 골라내 인터넷 통신을 가능하게 하는 기술이다. 이 기술은 기존의 무선 통신 방식에 비해 저렴하게 단말기를 공급할 수 있고, 기존 전력선을 활용함에 따라 투자비가 저렴하며, 기존 변압기를 사용하기 때문에 공간 점유비용이 불필요하여 설치비 절감에 효과적이다.

그러나 제한된 전송 전력, 높은 부하 간섭과 잡음(High noise), 가변감쇠 (High attenuation), 임피던스 레벨(Impedance level) 잡음, 신호 왜곡(Signal distortion) 등은 해결되어야 할 문제이다.

(2) IEEE 802.11s (Wifi Mesh)

IEEE 802.11s 표준에 근거한 무선랜 규격인 Wifi Mesh는 멀티 홉을 기반으로 하는 근거리 통신망을 구성하고 인터넷 서비스 및 다양한 산업 분야에서 통신 서비스를 제공하는 근거리 무선 네트워크 기술이다. 이 기술은 기존의 Wifi 보다 넓은 지역을 커버할 수 있으며 Wifi보다 상대적으로 넓은 공간에서 적은 단말들이 존재하는 동시에 다른 무선 장비들에 의한 간섭이 적은 공간에 활용될 수 있는 기술이다. 이 기술은 네트워크 확장이 쉽고 유지, 보수가 용이한 장점이 있으며, 자동화된 환경설정과 낮은 관리 비용으로 무선 인터넷 접속, 재난 방지, 보안, 군대 등의 다양한 분야에서 응용되고 있으며 대용량 데이터가 수시로 발생하는 스마트 그리드의 통신기간망 구성에도 적합한 기술로 거론되고 있다.

(3) IEEE 802.15.4(ZigBee)

WPAN(Wireless Personal Area Network)은 개인 주변 영역을 주 동작 범위로 하여 저가격, 저전력, 근거리, 소형화를 추구하는 네트워크이다.

ZigBee는 868MHz, 902~928MHz 및 2.4GHz에서 동작하는 WPAN 규격으로, ZigBee를 사용하면 WPAN 내 50m이내 거리에 있는 주변 장치들 간에는 최고 250kbps의 속도로 데이터를 주고받을 수 있다. ZigBee는 홈 네트워크, 빌딩 및 산업 기기의 자동화, 가전 제품 제어, 물류, 재고 관리, 환경 모니터링, 컴퓨터 주변 장치 연결, 동물 관리, 자연 재해 관리, 군사, 보안, 지능형 교통 시스템(ITS), 텔레매틱스, 건강 관리(Health Care)나 환자 관리와 같은 휴먼 인터페이스 등 다양한 유비쿼터스 컴퓨팅 시장에 폭넓게 응용될 수 있는 기술이다.

(4) IEEE 802.3(Ethernet, 초고속통신망)

근거리통신망(LAN) 네트워크 내의 PC, 프린터 등 각종 단말의 연계성 표준화를 위해 개발된 이더넷 표준은 전력 인프라 및 스마트 미터, 개인 의료 기기, 사물 인터넷 등 광범위한 분야에 적용되고 있다. IEEE는 2013년 4월 대폭적인 네트웍 대역폭 성장을 지원할수 있는 400Gb/s 이더넷 표준 개발을 위한 스터디 그룹을 출범하였다.

이더넷은 오래전에 개발된 전통적인 기술이지만 타 기술의 개발과 연동하여 지속적으로 응용되고 있는데, 특히 스마트 그리드 및 에너지 효율화 분야에서 활용도가 높은 것으로 평가되고 있다.

4.2.4 새로운 무선 통신 표준 기술

현재 스마트 그리드에 적용할 수 있는 무선 통신 기술을 위한 국제 표준 활동이 활발히 진행되고 있으며, 각국은 세계 시장 선점을 위해 경쟁력 있는 기술 분야에서 표준화 활동에 참여하고 있다. 특히 독일은 신재생 및 전기차 분야에서, 프랑스는 신재생 및 충전기 분야에서 기술력 우위를 점하고 있다.

한국은 IEEE의 무선 통신 분야에서 비교 우위의 기술력이 있으며, IEEE에서는 스마트 그리드를 위한 무선 통신에 관한 세부 기술 표준 및 가이드를 제안하고 있다.

아래에서 설명하는 IEEE 802 표준 규격은 근거리 및 도시권 통신망을 관할하는 LAN에 관한 표준화 기술이다.

(1) IEEE 802.15.4g(SUN)

IEEE 802.15.4g는 IEEE-SA에서 발표한 스마트 미터, 스마트 단말기 등 스마트 그리드 내의 기기간의 상호 통신에 사용되는 무선 네트워크에 대한 국제 표준 규격을 말한다. 이 표준을 통해 전 세계 수백만 개가 넘는 다양한 네트워크 기기들을 네트워크에 연결하여 통신사가 제공하는 서비스에 준하는 무선 통신 기능을 수행할 수 있다. 기존 전력망(발전과 배전에 관련된)을 기반으로 가정과 상업 지구에 있는 미터기, 가전 기기, 공공 시설 및 전기 자동차의 전력 소비량 계측과 모니터링을 능동적으로 수행하기 위해 양방향 통신을 제공한다. 각 가정에서 사용 중인 전력량 위주의 수도/가스 등의 양방향 통합 원격 자동 검침망을 구축 할 수 있다.

(2) IEEE 802.11ah(광역 무선랜)

유선 인터넷의 기술 규격인 IEEE 802.3과는 달리 무선랜 통신 환경 기술을 정의한 것이며, 5GHz 대역의 전파를 사용한다. OFDM(Orthogonal Frequency Division Multiplexing) 기술을 사용해 최고 54Mbps까지의 전송 속도를 지원한다. 주된 응용 분야는 WiFi를 이용하는 스마트 그리드와 M2M(Machine to Machine) 통신, 센서 네트워크, 셀룰러 오프로딩(cellular off-loading) 및 광역 무선랜 서비스 등이다.

(3) IEEE 802.16(M2M : Machine to Machine)

현재 IEEE 802.16 워킹 그룹은 광대역 이동 통신 표준 기술 기반에서 공공 안전, 재난 구조 통신, M2M 통신 지원을 위한 무선 접속 기술 국제 표준을 작성중이며, 전력 절약의 향상, 적은 양의 데이터 전송, 다수 단말 제어를 응용 서비스 특성으로 하고 있다. 기기간 통신 기반의 시스템 운영비 절감과 효율화, 생산성 향상을 목표로 하는 M2M은 텔레매틱스, 스마트 그리드, 물류, 디지털 사이니지 등 전방위 영역으로 확산되고 있다.

(4) IEEE 802.22b(TV White Space)

TV White space을 활용하기 위하여 인지 무선 기술(CR: Cognitive Radio)을 적용하는 기술로서 스마트 그리드 컨트롤에 활용될 수 있다.

특히 국내의 ETRI에서는 인지 무선 통신 기술을 반영한 표준안을 IEEE에 제안한 바가 있다. TV White space 는 기존의 Wifi가 사용하는 주파수 대역인 2.4GHz나 5GHz 주파수에 비해 전파 특성이 우수하고 신호 도달 거리가 넓기 때문에 저렴한 비용으로 네트워크를 구축하는 것이 가능하다. 실시간 모니터링이 필요한 스마트 그리드나 산불 감시와 같은 녹색정보 제공 서비스에서의 적용 가능성이 높은 기술이다.

4.3 스마트 그리드 관련 기술 동향

4.3.1 국내 동향

국내 스마트 그리드 관련 전력 산업은 2002년부터 전력 네트워크의 지능화 등 전력분야 요소 기술의 선진화를 위한 R&D 중심의 접근이 주로 이루어져 왔다. 이는 국내 전력망이 비교적 최근에 전력 설비가 구축되었고 고도화가 꾸준히 진행되면서 타 국가들에 비하여 전력 설비의 교체 수요가 크지 않았기 때문이다. 우리나라의 송배전 손실률은 일본과 함께 미국, 영국 등에 비하여 낮은 편이고 호당 정전 시간의 경우도 14.4분으로 미국 122분, 영국 68분, 프랑스 57분에 비하여 매우 짧은 편이라 할 수 있다. 또한 우수한 송·배전 설비와 더불어 한국전력을 중심으로 한 전력시장의 독점적인 공급 및 판매 구조도 전력 산업의 경쟁력을 강화하는 쪽 보다는 전력 네트워크의 지능화와 관련한 IT 기술 개발로 산업이 흐르는데 일조했다고 할 수 있다.

이처럼 우리나라의 스마트 그리드 시장은 상용화나 실용화 전 단계에 머물러 있으며 기술 개발을 통한 육성 단계에 머물러 있다. 그러나 2009년 7월 MEF(국제기후포럼, Major Economies Forum)에서 이탈리아와 함께 스마트 그리드 선도 국가로 지정되면서 정부는 2010년 1월 스마트 그리드 국가 로드맵을 작성하고 기술 개발 뿐만 아니라 향후 성장 동력원으로서 실증 단지 구축을 통한 구체적인 사업 모델 발굴과 관련 서비스 및 기술을 수출 산업화하는 쪽으로 중심을 옮기고 있다. 특히 우리나라의 경우 세계 10위의 탄소 배출국으로 GDP대비 온실 가스 배출량이 OECD 국가 평균치의 1.6배 수준에 이르기 때문에 온실 가스 감축을 위해서는 신재생 에너지, 전기차 등 청정 에너지원 발굴과 친환경적인 이동 수단이 필요하며 이를 활성화하고 산업화하기 위해서는 스마트 그리드 기술의 검증과 구축을 통한 실증이 요구된다고 볼 수 있다.

또한 화석 에너지 의존도가 높은 국내 산업의 특성상 지속 가능한 성장을 위한 에너지 자립과 효율성 제고라는 측면에서도 스마트 그리드 구축을 통한 조기 검증이 필요하다고 할 수 있다. 마지막으로 실증 단지를 통한 구축 사례의 확보와 다양한 사업자간 경쟁을 통한 융합형 사업 모델의 발굴을 통하여 새로운 전력 체계에 대한 선도 국가로서 수출 시장을 선점하는 쪽으로 정부의 정책이 변화하고 있어 건설, 통신, 전력, IT서비스, 전선 업체 등 다양한 사업자 간의 제휴가 활발하게 이뤄지고 있다.

〈표 4-5〉 스마트 그리드 세부 단계별 투자 계획(단위 : 억원)

구분		1단계 (2010~12)	2단계 (13~20)	3단계 (21~30)	합계
정부	인프라	367	4617	–	4984
	전기차충전기	67	2421	–	2488
	IHD	200	382	–	582
	저장장치	–	1514	–	1514
	전기차	100	300	–	400
	기술개발	1972	7258	12913	22143
	소계	2339	11875	12913	27127

구분		1단계 (2010~12)	2단계 (13~20)	3단계 (21~30)	합계
민간	인프라	7515	66401	126488	200404
	스마트미터	3153	11054	–	14207
	IHD	–	1980	3300	5280
	통신인프라	2503	10964	180	13467
	전기차충전기	–	2220	45689	47909
	신재생투자	–	30870	54165	87035
	서비스구축	300	2950	3000	6250
	전력망구축	1558	6362	18152	26072
	기술개발	2241	11364	34073	47678
	소계	9756	77765	160561	248082
합계	인프라	7882	71018	126488	25388
	기술개발	4213	18622	46985	69820
	합계	12095	89640	173473	275208

출처: 지식경제부, "스마트 그리드 국가로드맵", 2010.1

정부의 스마트 그리드 로드맵은 기후 변화 대응, 에너지 효율성 제고, 신성장 동력 창출 등을 목표로 크게 지능형 전력망, 소비자, 운송, 신재생, 전력 서비스 등 5대 추진 분야로 구성되어 있다. 법제도의 정비 뿐 만 아니라 2011년부터 전기차 급속 충전기 설치 및 스마트 미터 보급 확대를 중심으로 2030년까지 총 27.5조원(민간 24.8조원,정부 2.7조원)을 투자할 것으로 전망하고 있다. 이 중 신재생 에너지 및 전기차 관련한 투자 규모가 가장 클 것으로 예상되고 있다.

특히 시범도시 실시간 요금제 운영, 전기차 충전 인프라 및 서비스 구축, AMI 및 통신 네트워크(HAN/BAN/FAssN), 스마트 미터, IHD(In Home Display) 등이 2010~12년 동안 중점적으로 수행되는 사업화 영역으로 단기적으로는 관련 기술을 가진 업체들의 레퍼런스 구축과 기술 검증을 위한 사업 진출이 주로 예상되는 분야라 할 수 있다.

특히 스마트 미터를 포함한 AMI는 가장 사업화가 먼저 이뤄지며 제주 실증단지를 중심으로 시범적으로 도입되었다. 정부는 2012년까지 스마트 미터를 전체 가구의 5.6%인 약 107만 가구까지 보급을 마무리하고, 2020까지 1.47조 원을 투입하여 기계식 계량기를 스마트 미터기로 100% 전환하는 목표를 갖고 있다.

스마트 그리드 실증 단지 조기 구축을 통한 관련 기술의 상용화 및 수출 산업화를 촉진시키기 위해 정부는 제주도에 2009년 7월부터 기반 인프라 투자에 들어갔다. 2010년 12월까지 총 685억원 규모를 투자하여 인프라를 구축 중이며 민간 분야에서도 171개 기업이 12개의 컨소시엄을 구성하여 확장 단계가 마무리되는 2013년 5월까지 총1,710억원이 투자되었다. 또한 스마트 그리드 시범도시를 지정하여 스마트 그리드 및 저탄소 녹색 성장 확산을 위한 거점 도시로 활용할 계획이다. 제주 실증 단지를 통해 검증된 기술, 제품, 우수 사업 모델 등은 국가 표준 제정 및 보급 사업시 우선 지원을 추진할 계획을 갖고 있다. 또한 동년부터 전기차, 전기차용 충전기, AMR/IHD, 전력 저장 장치 등 우선적으로 상용화가 가능한 제품에 대해 보급을 추진할 계획이다.

〈표 4-6〉 제주도 스마트 그리드 관련 실증단지 주요 사업

분야	내용	주도기업	참여기업	예산(억원)
지능형 소비자	• 가정 및 직장에서 스마트 미터 사용의 일상화로 전력사용의 분산화를 유도 • 전기사용의 분산화 유도 • 스마트 미터, 통신망, 에너지관리시스템	SKT	SK에너지, 삼성전자, 현대 중공업, 안철수연구소 29개사	정부 : 50 민간 : 250
		KT	삼성전자, 삼성SDI, 삼성 SDS, 삼성물산, 효성, 미리넷 등 14개사	정부 : 47 민간 : 300
		LG전자	LG파워콤, GS건설, GS EPS 등 15개사	정부 : 47 민간 : 175
		한전	LS산전, LS전선, 대한전선, 누리텔레콤 등 38개사	민간 : 100
지능형 운송	• 거리 및 가정에서의 전기차 충전 인프라 구축 • 전기차의 배터리 교환소-충전기 등 충전 인프라 등	한전	삼성SDI, 롯데정보통신, LGT 등 22개사	정부 : 45 민간 : 140
		SK 에너지	SK네트웍스, 르노삼성 등 14개사	정부 : 45 민간 : 130
		GS 칼텍스	LG CNS, ABB코리다 등 7개사	정부 : 47 민간 : 153
지능형 신재생 에너지	• 풍력, 태양광 발전 등의 전력망 연계와 잉여 전력의 타지역 사용 연계 • 신재생 저장장치 및 마이크로그리드 운영기기, 시스템 등	한전	남부발전, 효성, LS산전 등 16개사	정부 : 47 민간 : 70
		현대 중공업	맥스컴, 아이셀시스템즈 코리아 등 6개사	민간 : 90
		포스코 (ICT)	LG화학, 포스코ICT 등 7개사	정부 : 60 민간 : 120
지능형 전력 시장	• 양방향 전력전송, 자동치유 및 자동복구, 양방향 통신을 통한 전력수요 제어 • 지능형 송전망, 디지털 변전소 halc 전력 시스템 통합 제어 솔루션	한전 전력 거래소	한전, KDN, LS산전, 전기 연구원	

자료 : 지식경제부, 스마트 그리드 사업단, 전력신문, 하나금융경영연구소

4.3.2 해외 동향

스마트 그리드 관련 정책은 미국을 중심으로 기술과 시장이 빠르게 개발되고 형성되어 가고 있다. 하지만 각 지역별로 처한 상황에 따라 정부가 정책적으로 추진하는 전략이 다르기 때문에 분야별로 조금씩 차이를 보이고 있다.

미국의 경우는 10개의 지역망과 크고 작은 3,300개의 전력 회사가 서로 밀접하게 연결되어 있다. 미국의 전력망은 낙후된 설비로 인하여 7%대의 높은 전력 손실률 및 잦은 정전 사고가 발생하고 있다. 이러한 손실을 막기 위해 미국은 이미 2003년 '스마트 그리드 2030'비전을 발표했으며 2007년 5대 기술 분야를 선정하고 에너지 독립 및 안보법 제정을 통해서 스마트 그리드 관련 기술 및 정책을 진행하여 왔다.

이후 오바마 정부의 경기 부양책의 일환으로 직접적인 스마트 그리드 보급 확산을 위해 2009년 에너지부(DOE : Department of Energy)는 34억달러의 예산을 100개의 스마트 그리드 투자 사업에 지원하기로 하는 등 적극적으로 관련 정책을 추진 중인 상황이다.

2003년부터 추진되어온 정책적 지원과 민간 업체들의 참여로 2009년 약 60억 달러로 추정되는 스마트 그리드 관련 기술 시장이 형성된 미국은 2003년 대정전 사태 이후 캘리포니아주의 전력 수급 안정화와 텍사스주의 태양광 및 풍력 등 신재생에너지 활용 측면에서 시장이 전개되고 있다. 또한 전력 관리 대형 회사와 중소 배전사업자들이 시장에 형성되어 있어 판매자간 경쟁이 이뤄지고 있다. 이미 실시간 탄력적 요금제(Real Time Pricing)나 피크 요금제(Critical Peak Pricing)가 적용되었으며 이러한 요금제 들이 의무화되는 지역도 점차 확산되고 있는 상황이다. 따라서 이러한 서비스를 지원하기 위한 AMI 보급률 또한 평균 4.7%로 높은 편이며, 스마트 미터기 보급률은 2009년 7.3%로 상승한 것으로 추정되고 있다. 비록 중전기 및 초고압 케이블 시장은 ABB, Siemens, Areva 등 유럽 3사가 시장을 장악하고 있지만 스마트 미터링의 높은 보급률로 인하여 Itron, Tendrill, Comverge, Trilliant 등 미국 업체들은 배전이나 수용가 지원 장비 분야에서 글로벌 시장을 주도하고 있는 것으로 나타나고 있다.

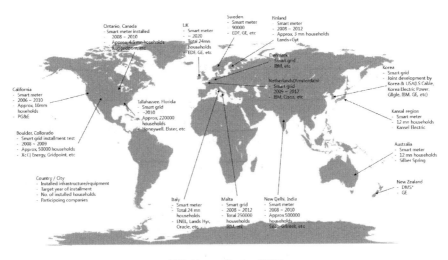

출처 : Morgan Stanley, 2010.2

〈그림 4-3〉 세계 주요국의 스마트 그리드 구축 현황

EU는 미국과 달리 기후 변화에 따른 탄소 가스 절감과 EU내 신재생 에너지 분산 수용을 위해 신재생 에너지의 보급을 주장하고 있다. EU는 1997년 6% 수준이었던 신재생 에너지 소비 비중을 2010년 12%로 높였다. 2020년에는 20%까지 비중을 상승시키려는 목표를 세우고 있어 급격히 증가한 재생 에너지의 통합과 에너지 효율성을 증대하기 위해 전략적으로 스마트 그리드를 추구하고 있다. 또한 이는 에너지 효율 20% 상승, 재생 에너지원에서 20%의 에너지 생산, 온실가스 20% 절감이라는 '20-20-20' 프로젝트의 한 부분으로서 기술적으로 우위에 있는 신재생 에너지 기술을 활용하여 국가 간의 전력망을 연결하고 전력 거래가 가능하도록 함으로써 글로벌 시장에서의 산업 경쟁력을 확보하고자 하는 또 다른 목표를 갖고 있다.

〈표 4-7〉 주요 국가의 스마트 그리드 정책

구분	목적	전략	중점영역				
			신뢰도 향상	고객기회 손실절감	신재생 에너지	EV 인프라	신규 서비스창출
미국	설비노후화에 따른 전력시스템 고도화와 경기부양	송배전설비 현대화, 에너지 설비 향상	○	○		○	○
유럽	신재생에너지 활용을 위한 분산전원 수용과 EU내 에너지 거래	신재생에너지 보급확대, 국가간 망 연계		○	○	○	
일본	CO_2 감축 및 태양광 등 신재생 에너지원 확대	온난화 대응, 마이크로그리드 확산			○	○	○

구분	목적	전략	중점영역				
			신뢰도 향상	고객기회 손실절감	신재생 에너지	EV 인프라	신규 서비스창출
중국	풍력 등 신재생 에너지 활용과 에너지 자원 불균형 해소	송배전설비 계통 현대화			○	○	○
한국	기후변화 대응, 에너지효율제고와 신성장동력원 발굴	에너지 효율향상, CO$_2$ 저감, 신성장원 발굴	○	○	○	○	

출처 : ETRI, 하나금융경영연구소

중국은 서부 지역에 신에너지 및 재생 에너지원이 위치해 있어 2020년까지 15%까지 재생 에너지 활용 비율을 높이려면 전력 운송 문제를 해결해야 한다. 따라서 정부에서도 에너지 자원의 불균형을 해소하는 차원에서 초고압 전력망을 기간망으로 깔고 대형 수력, 화력, 원자력 및 재생 에너지 발전 기지를 구축하는 '1특4대' 전략을 추구하고 있다. 이를 위해 2020년까지 3단계로 나누어 1단계(2009~10)에 5,500억 위엔, 2단계(2011~15)에 2조위엔, 3단계(2016~20)에 1.7조위엔 등 총 4.3조원을 스마트 그리드에 투자할 계획을 갖고 있다. 또한 스마트 그리드는 아직 도입 초기인 상황이기 때문에 초고압 전력망 건설에만 약 6,300위엔(1단계 830억 위엔, 2단계 3,000억위엔, 3단계 2,500억 위엔)을 투자할 계획을 갖고 있다. 중국은 2010년부터 스마트 그리드를 국가 전략 사업으로 추진하여 타 국가에 비하여 늦은 편이지만 시장 규모와 국가 특성상 구축이 가속화 될 것으로 보인다.

향후 초고압전력망, 스마트 미터, 디지털 변전소 및 배전망 자동화, 유연 송전 기술과 관련한 제품의 수요가 크게 늘어날 것으로 보인다.

〈표 4-8〉 유럽 주요국가의 전력계약 및 스마트 미터 도입 현황 (단위: 천명, 천대)

국가	계약수				스마트 미터 도입대수 (~2000년 추정)	
	인구	개인	법인	합계	대수	비중 (계약수/대수)
스페인	45283	16650	1995	18645	3800	20.4
이탈리아	59619	24910	3390	28300	25000	88.3
영국	61185	20400	2450	22850	50	0.2
프랑스	63753	23440	2810	26250	150	0.6
독일	82217	37500	4500	42000	10	0

출처 : 한국 스마트 그리드 사업단

4.4 스마트 그리드 향후 전망

스마트 그리드와 관련한 향후 전망에 대해서 살펴본다.

4.4.1 시장 전망

(1) 세계 시장

노후화된 전력 설비 업그레이드 및 신재생 에너지 활용, 각 국가들의 적극적인 자국 산업 육성 정책으로 인하여 글로벌 스마트 그리드 관련 시장은 2009~2014년 연평균 19.9%의 높은 성장세를 보이고 있다. 미국 시장은 비중이 점차 하락하겠지만 여전히 2014년에도 428억 달러로 전체 시장 규모의 25%를 차지하고 있다

품목별로 보면 전력망 원격 제어 및 자동화 장비인 스마트 미터를 중심으로 한 AMI가 당분간 스마트 리드의 본격적인 시장 개화를 이끌 것으로 예상되고 있다. AMI 구축을 위해 필수적인 스마트 미터는 2014년까지 관련 IT품목 중에서 가장 높은 성장세를 보일 것으로 예상되고 있다. 다만 시장 규모 측면에서는 Zigbee와 같은 단거리 무선 네트워크를 통하여 전력 설비 및 제어 관리를 가능케 하는 센서 시장 규모가 2014년 전체 시장의 50%로 가장 큰 시장이 되고 있다.

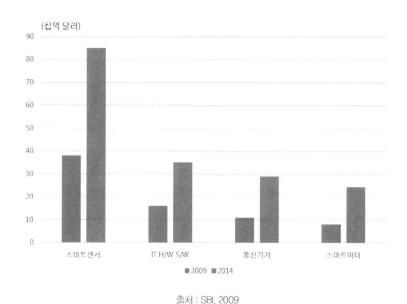

(십억 달러)

■ 2009 ■ 2014

출처 : SBI, 2009

〈그림 4-4〉 스마트 그리드 관련 IT 품목별 규모

스마트 그리드 초기 단계인 2011년부터 세계적으로 AMI, DR, EMS 중심으로 시장이 형성되면서 관련 기기 및 제품에 대한 수요가 늘어날 것으로 예상된다. 양방향 스마트 미터의 도입 규모는 미국과 유럽이 2009년 922만대에서 2014년 6,730만대까지 늘어나고 있다. 2020년에는 1억 1,648만대에 이를 것으로 예상된다. 유럽은 현재 이탈리아, 스웨덴, 프랑스, 영국 등의 수요 중심으로 시장을 형성하고 있으나, 향후 네덜란드, 스웨덴, 독일 등이 주요 시장을 형성할 것으로 예상되고 있다.

한편 미국의 AMI 서비스 도입율은 4.7%로 아직 낮은 상황이기 때문에 향후 스마트 미터의 보급으로 AMI 보급이 빠르게 상승할 것으로 예상되고 있다. 더구나 지역별 전력 회사들이 단순 원격 검침기의 도입 단계를 거치지 않고 AMI 구축을 위한 양방향 스마트 미터를 도입할 가능성이 높다는 점도 AMI 조기 도입에 대한 기대감을 높이고 있다. 이미 AMI는 미국과 유럽에서는 실증 단계를 거쳐 도입이 진행되고 있다. 특히 미국 캘리포니아의 PG&E, SCE 등 전력 회사들은 향후 4~5년 이내에 모든 고객을 대상으로 AMI를 수용하기로 결정하는 등 스마트 미터에 대한 수요가 늘어날 전망이다.

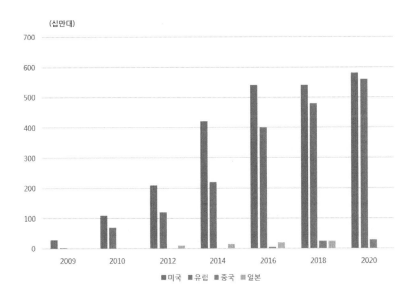

출처 : Seed Planning, 2009

〈그림 4-5〉 국가별 스마트 미터 설치 전망

(2) 국내 시장

미래 창조 과학부에 따르면 국내 시장은 2020년까지 AMI 구축을 완료하고 2030년까지 EMS와 전력 계통망 구축을 완료함으로써 국내 시장 규모가 향후

20년간 총 32.3조원에 이를 것으로 전망하고 있다. AMI는 2020년까지 시스템 정비 및 설치비용을 포함하여 5.4조원의 시장규모를 형성할 것으로 예상되고 있다. 2030년까지 전력 계통망 구축, HEMS, XEMS 등이 각각 7.2조원, 7.5조원, 9조원의 시장을 형성할 전망이다. 특히 AMI는 발전량 감소, 전기 요금 절감, Peak 분산 등의 실질적인 효과가 발생해 국내에서도 가장 먼저 구축이 진행될 것으로 예상이 되고 있다.

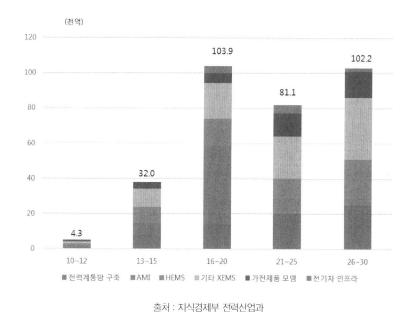

출처 : 지식경제부 전력산업과

〈그림 4-6〉 국내 스마트 그리드 시장 전망

AMI가 정부 목표대로 구축되면 5.6% 정도 보급될 것으로 예상된다. 그리고, 2015년 15.6%, 2020년까지 100% 달성될 전망이다. 이로 인하여 동기간 스마트 미터로의 교체를 위해 약 1.5조원의 투자가 발생할 것으로 예상된다.

이중에서 약 1,000만호에 해당하는 2만원대의 주택용(300kWh 미만의 전력 소비가 발생하는 경우)과 800만호에 해당하는 5만원 이상의 일반용(300kWh 이상의 주택, 상가, 심야용)으로 구분되어 보급될 경우 단순 계산해보면 연간 약 545억원의 스마트 미터 시장 규모가 2020년까지 형성될 것으로 전망된다.

여기에 DR은 AMI의 응용 분야로서 AMI의 구축 후에 초기 시장 활성화가 기대되고 있지만 실시간 가격 제도에 대한 정비, 한국전력 중심의 독점적 전력 판매 시장 형성 등 기술외적인 부분에서의 진척에 따라 도입은 점진적으로 이뤄질 것으로 예상된다.

EMS는 2030년까지 총 16.5조원으로 가장 큰 규모의 시장을 형성할 것으로 예상되고 있으며 주로 스마트 그리드 구축 후반기에 투자가 집중되어 있어 2단계 후반부터 본격적인 시장을 형성할 전망이다. 이는 신재생 에너지 저장 및 송·배전을 위한 전력망 최적화가 이뤄지고 난 후에야 수요 및 생산 조절을 위한 마이크로 그리드의 전력 계통 관리를 위해 EMS의 필요성이 도입되기 때문이라 할 수 있다.

전기차 관련 시장은 향후 전기차로 인한 전력 사용량의 증가가 크지 않을 것으로 예상되지만, Peak 수요 분산의 필요성이 존재하고 충전 인프라의 구축을 위한 계통 연계 및 운영 기술은 전 세계적으로 연구 단계에 그치고 있어 3단계 이후인 2020년 이후에야 본격적인 시장이 형성될 것으로 판단된다.

현재의 6가지로 구분된 용도별 요금제가 원가 개념이 반영된 실시간 요금 제도로 이어져 소비자가 저렴한 시간대로 전력 소비 패턴을 변화시키려면 분산 발전과 생산자간 원가 경쟁을 통한 공급가 경쟁이 있어야 한다. 그러나 이는 실시간 요금제로의 제도적인 변화뿐만 아니라 판매 시장에서의 구조적인 변화도 요구되어 단기간에 이뤄질 수는 없다. 이미 발전 분야는 경쟁이 도입되었다고 하지만 대부분 한국전력이 100% 소유한 6개 자회사이며 배전·판매 분야는 여전히 한국전력이 독점하고 있는 상황이기 때문이다. 따라서 소비자 선택권의 강화와 스마트 그리드의 도입에 따른 효과를 높이려면 경쟁 체제의 도입이 필요하지만 이는 시장 구조의 변화라는 측면에서 단기간에 이뤄지기는 힘들 것으로 판단된다. 다만 신재생 에너지의 비중 확대와 직접 구매 제도의 활성화 등 국내 전력 산업도 점차 변화할 것으로 여겨지고 있어 정부가 로드맵에서 제시한 것처럼 실시간 요금 제도로의 변화와 시장 구조가 개방형 판매 구조로 변화한다면 내수 시장도 빠르게 확대될 것으로 예상된다.

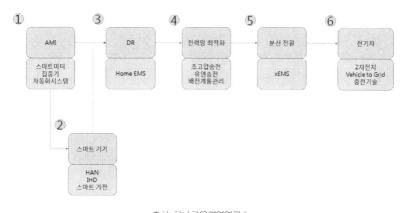

출처: 하나금융경영연구소

〈그림 4-7〉 스마트 그리드 시장 발전과 관련된 기술/제품

참고문헌

[1] [네이버 지식백과] 스마트 그리드 [Smart Grid] (두산백과)

[2] 김남훈, "스마트 그리드 동향 및 업체 분석", 하나금융경제연구소 산업
     연구시리즈, 2010.9.27. 제 18호.

CHAPTER 5

클라우드 컴퓨팅

클라우드 컴퓨팅(Cloud Computing)은 인터넷 상의 서버를 통하여 데이터 저장, 네트워크, 콘텐츠 사용 등 IT 관련 서비스를 한 번에 사용할 수 있는 컴퓨팅 환경이다. 정보가 인터넷 상의 서버에 영구적으로 저장되고, 데스크톱·태블릿 컴퓨터·노트북·넷북·스마트폰 등의 IT 기기 등과 같은 클라이언트에는 데이터들이 일시적으로 보관되는 컴퓨터 환경을 뜻한다. 즉 이용자의 모든 정보를 인터넷 상의 서버에 저장하고, 이 정보를 각종 IT 기기를 통하여 언제 어디서든 이용할 수 있다는 개념이다.

다시 말하면 구름(cloud)과 같이 무형의 형태로 존재하는 하드웨어·소프트웨어 등의 컴퓨팅 자원을 자신이 필요한 만큼 빌려 쓰고 이에 대한 사용 요금을 지급하는 방식의 컴퓨팅 서비스로, 서로 다른 물리적인 위치에 존재하는 컴퓨팅 자원을 가상화 기술로 통합해 제공하는 기술을 말한다. 클라우드로 표현되는 인터넷상의 서버에서 데이터 저장, 처리, 네트워크, 콘텐츠 사용 등 IT 관련 서비스를 한 번에 제공하는 혁신적인 컴퓨팅 기술인 클라우드 컴퓨팅은 '인터넷을 이용한 IT 자원의 주문형 아웃소싱 서비스'라고 정의되기도 한다.

클라우드 컴퓨팅을 도입하면 기업 또는 개인은 컴퓨터 시스템을 유지·보수·관리하기 위하여 들어가는 비용과 서버의 구매 및 설치 비용, 업데이트 비용, 소프트웨어 구매 비용 등 엄청난 비용과 시간·인력을 줄일 수 있고, 에너지 절감에도 기여할 수 있다.

또 PC에 자료를 보관할 경우 하드디스크 장애 등으로 인하여 자료가 손실될 수도 있지만 클라우드 컴퓨팅 환경에서는 외부 서버에 자료들이 저장되기 때문에 안전하게 자료를 보관할 수 있다. 저장 공간의 제약도 극복할 수 있으며, 언제 어디서든 자신이 작업한 문서 등을 열람·수정할 수 있다. 하지만 서버가 해킹당할 경우 개인 정보가 유출될 수 있고, 서버 장애가 발생하면 자료 이용이 불가능하다는 단점도 있다.

구글·다음·네이버 등의 포털에서 구축한 클라우드 컴퓨팅 환경을 통하여 태블릿 컴퓨터나 스마트폰 등 휴대용 IT기기로도 손쉽게 각종 서비스를 사용할 수 있게 되었다. 이용 편리성이 높고 산업적 파급 효과가 커 차세대 인터넷 서비스로 주목받고 있는 클라우드 컴퓨팅은 2000년 대 후반에 들어 새로운 IT 통합 관리 모델로 등장하였다.

5.1 클라우드 컴퓨팅 개념

클라우드 컴퓨팅이란 용어가 사용되기 시작한 것은 2006년 구글의 크리스토프 비시글리아가 처음 CEO에게 제안한 개념으로 알려져 있다. 그러나 클라우드 컴퓨팅의 개념은 그보다 훨씬 전에 이미 사용되고 있었다.

실제로 IT 업계에서는 클라우드 컴퓨팅이 신기술로 각광받을 만큼 그리 참신한 기술은 아니라고 평가한다.

그 이유는 클라우드 컴퓨팅의 구성이 네트워크를 통한 컴퓨터 기술의 이용이며(네트워크 컴퓨팅의 개념), 클라우드 컴퓨팅 사용 서비스에 따라 과금하는 종량제 서비스 또한 이미 존재해왔던 서비스로 생각하였기 때문이다.

그리고 실제로 그리드 컴퓨팅, 유틸리티 컴퓨팅, Server Based Computing, 네트워크 컴퓨팅 등의 개념과 클라우드 컴퓨팅의 개념에는 기술적인 측면에서 유사점이 있는 것도 사실이다.

클라우드 컴퓨팅이라는 용어가 최근 몇 년 사이에 생겨나, 이슈가 되었을 뿐, 그 개념 자체는 웹의 기반이 되는 사상 및 기술이기 때문에, 인터넷 자체와는 다소 차이가 있지만, 온라인상의 컴퓨팅 자원을 뜻하는 개념으로 생각하면 될 것 이다.

초기 클라우드 컴퓨팅의 대두 배경 중의 하나로, 데이터 센터(IDC)의 자원 낭비에 대한 문제를 들 수 있다. "전기먹는 하마"로 불리우는 데이터 센터의 전력 소모 비용은 2005년, 전세계 기준으로 연간 72억 달러로 조사되었는데, 실제로 서버 내에서 사용되는 용량은 그리 크지 않아, 불필요한 전력이 낭비되고 있는 실정이었다.

이에 가상화를 통해 서버를 효율적으로 관리하고 낭비를 최소화할 수 있는 클라우드 컴퓨팅의 개념이 대두되었고, 데이터 센터 내의 불필요한 전력 손실을 줄일 수 있도록 클라우드 기술에 대한 많은 연구와 노력이 있었다.

이러한 연구와 노력은 데이터 센터의 전력 절감을 가져오게 되었고, 전력 생산을 위한 발전소의 가동 시간을 줄임과 동시에, 이산화탄소의 배출량을 감소시켜 저탄소 녹색 성장을 위한 발판이 되었다.

이 같은 데이터 센터 내의 전력 절감과 함께 클라이언트 컴퓨터에서는 데스크탑 가상화를 통해 저전력의 기기를 사용할 수 있도록 하고, 근무 이동 거리를 줄임으로써, 그린 IT의 구현에 앞장서게 되었는데, 이른바 스마트 워크(Smart Work)가 바로 그것이다.

이 밖에도 클라우드 컴퓨팅은 최근 발전하는 IT기술의 기반이 되고 있으며, 기업에는 저전력, 비용 절감, 공간 확보, 효율적 자원 사용, 주변 기기 최소화, 내부 통제 용이 등의 이점을 제공하고 있다. 사용자에게는 편의성, 악성 코드 방어, 시간 효율성, 협업 지원 등을 제공하여 기업의 경쟁 우위 및 사용자 편의 제공과 범정부적인 그린 IT 구현에 없어서는 안 될 핵심 요소로 자리잡게 되었다.

하지만, 과도기적인 측면에서 본래 취지를 살리지 못한 채 운영되어, 효과가 반감되는 경우가 대다수이며, 네트워크/통신 연결을 통한 근무의 특성으로 인해 보안에 취약하다는 단점과 안정성에 대한 불안도 가지고 있어, 이에 대한 개선이 시급한 상황이다.

또한 컴퓨팅의 집중화와 클라우드 서비스의 수요량 증가로 인해, 기업들의 데이터 센터에 대한 투자가 늘어나면서, 매년 20%이상 증가되는 전력 소모량에 대한 대비도 하나의 과제로 떠오르고 있다. 클라우드 컴퓨팅은 현재 꾸준하게 강조되고 있는데, 먼 훗날 모든 서비스는 클라우드화 될 것이라는 예상들이 나올 정도로 앞으로의 동향이 더욱 기대가 되고 있다.

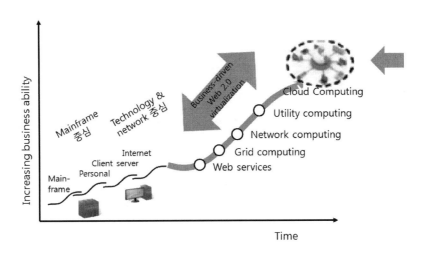

〈그림 5-1〉 클라우드 컴퓨팅 발전 방향

다양한 서비스 형태를 갖는 클라우드 컴퓨팅에 대한 정의를 한 마디로 하기는 어렵다. 그보다는 서비스, 플랫폼, 자원 등의 서비스 사용 관점에서 정의하는 편이 더욱 현실적이다. 서비스 관점에서 클라우드 컴퓨팅은 "최종 사용자에 대해서 신뢰 가능한 서비스 품질을 보장하는 동적인 컴퓨팅 환경을 제공하기 위한 새로운 컴퓨팅 패러다임이다"라고 정의할 수 있으며, 자원 관점에서 클라우드 컴퓨팅은 "인터넷 상에서 서비스로 전송되는 응용들과 이들 서비스를 제공하는 데이터 센터내의 하드웨어와 시스템 소프트웨어를 지칭한다"라고 정의된다.

클라우드 컴퓨팅은 초기에는 서버나 스토리지 같은 자원 관점에서 정의되었고, 기술적 진보에 따라 서비스 채널과 플랫폼 관점으로 그 정의가 확대되었고, 클라우드 컴퓨팅 서비스 환경의 발전에 따라 다시 서비스와 비즈니스 관점으로 정의되는 것을 보여준다. 그러나 2008년부터 주목 받기 시작한 클라우드 컴퓨팅의 개념은 이전의 유사한 서비스와 분명한 차이가 있으며, 가장 큰 차이점은 서비스를 제공하는 플랫폼의 효율성과 안정성으로 IT 기술의 발전이 클라우드 컴퓨팅의 환경을 보장해 주었다는 것이다.

인터넷상에서 기업이나 사용자들에게 IT 서비스를 제공하기 위한 개념은 이전의 서비스와 유사하나, IT 환경 측면에서 보다 유연하고 비용 효과적인 전송 플랫폼의 형태로 구성되어 있다. 또한 이러한 플랫폼은 계속해서 발전하고 있으며, 그 효율성은 다각적인 분야의 실사용에서 충분히 검증되고 있다는 것이다.

5.2 클라우드 컴퓨팅 주요기술

클라우드 컴퓨팅과 관련한 주요 기술은 다음 〈표 5-1〉과 같다.

〈표 5-1〉 클라우드 컴퓨팅 관련 주요 기술

연관 기술	내용	표준화기구/단체		표준화수준		기술개발수준	
		국내	국외	국내	국외	국내	국외
차세대 웹	네트워크에 분산된 다양한 서비스의 융복합을 실현하는 미래형 웹 기술로 유비쿼터스 웹 기술, 모바일 웹 기술, 웹 2.0기술, 그리고 웹 기반 플랫폼 기술	TTA	W3C, ITU	제정	제정	상용화	상용화
SOA	단순한 웹 브라우징을 넘어 유비쿼터스 환경에서 다양한 정보자원을 네트워크상의 다양한 시스템과 상호 연결하는 기술	TTA	W3C, OASIS	표준안 개발/ 검토	제정	구현	상용화
정보 보호	정보의 위조, 변조, 무단 침입 등 불법 행위로부터 정보를 안전하게 보호하고, 정당한 사용자가 정보를 접근하도록 허용하는 기술	ISTF, TTA	IETF, ITU-T, ISO/IEC	표준안 개발/ 검토	표준안 개발/ 검토	상용화	상용화
RFID/ 센서	RFID, 센서 데이터 및 관련 정보의 수집 필터링, 정보 서비스를 제공하기 위한 기술	RFID/ USN협회, TTA PG311	ISO/IEC, JTC1/ SC31, EPC-gobal (미국), uID(일본)	표준안 개발/ 검토	표준안 제정	시제품/ 프로토 타입	구현

연관 기술	내용	표준화기구/단체		표준화수준		기술개발수준	
		국내	국외	국내	국외	국내	국외
미래 인터넷	미래 인터넷을 통해 다양한 콘텐츠를 실시간 및 주문형으로 송수신하는 새로운 융합 서비스 기술	TTA	ITU	표준 제정중	표준 제정중	구현	구현
차세대 컴퓨팅	미래 정보사회에서 요구되는 인간중심의 컴퓨팅 서비스 제공을 위해 성능 경계 형태 등의 제약을 극복하여 언제 어디서나 사용할 수 있도록 하는 창조적 컴퓨팅 기술	TTA	DMTF, OGF, OASSIS, ISO/IEO	표준제/개정, 표준안개발/검토	표준제/개정, 표준안개발	프로토타입/시제품, 일부 구현	프로토타입/시제품, 일부 구현
차세대 IPTV	유선 IP 네트워크상에서의 IPTV서비스를 확장하여 다양한 유무선 네트워크 상에서의 풍부한 차별화 서비스를 제공할 수 있는 네트워크 구조 및 관련 기술들	TTA	ITU	표준안 개발/검토	표준제/개정	구현	구현
Green ICT	에너지/자연의 효율적 이용과 저탄소 사회 전환을 촉진하고, 실시간 환경 검사 및 조기 재난 대응체계 마련을 위한 기술	TTA	ISO, ETSI, ITU	표준 기획 제정	표준 기획	기술 기획	기술 기획/설계

위 〈표 5-1〉은 클라우드 컴퓨팅 관련 주요 기술과 관련한 표준화 기구 및 표준화 수준, 기술개발 수준 등을 보여주고 있다. 클라우드 컴퓨팅 관련 기술 및 연관 기술로 차세대 웹, 정보 보호, RFID/센서 등의 기술이 있다.

클라우드 컴퓨팅 기반 서비스를 제공하기 위해서는 하드웨어 장비 인프라가 갖춰져 있는 데이터 센터 구축이 선행되어야 한다. 주문형 서비스, 동적 자원 할당, 데이터 동기화, 서비스 과금 체계 등 클라우드의 특징을 충족하기 위한 다양한 기술 솔루션이 요구된다.

클라우드 컴퓨팅은 제공되는 컴퓨팅 자원의 종류에 따라 크게 다음과 같이 세 가지로 구분된다.

- 소프트웨어 및 애플리케이션을 서비스하는 SaaS
- 개발자용 플랫폼 및 개발 툴을 제공하는 PaaS
- 데이터 저장 및 처리를 위한 스토리지와 서버 시스템을 대여하는 IaaS

이와 같이 클라우드 컴퓨팅 서비스의 종류와 특징은 다음 〈표 5-2〉에 자세히 보여주고 있다.

〈표 5-2〉 클라우드 컴퓨팅 서비스의 종류와 특징

구분	특징	서비스 예시
SaaS (Software as a Service)	• S/W나 애플리케이션을 서비스 형태로 제공 • 기존 S/W처럼 라이선스를 구매해 단말에 직접 설치하는 것이 아니라 웹을 통해 '임대'하는 방식	Gooble Apps, Aplle MobileMe, Nokia Files on Ovi, MS Dynamic CRM Online 등
PaaS (Platform as a Service)	• 애플리케이션 제작에 필요한 개발 환경, 플랫폼 자체를 서비스 형태로 제공 • 개발사 입장에서는 비싼 장비와 개발 툴을 자체 구매하지 않고도 손쉽게 애플리케이션 개발이 가능함	Gogboel App Engine, Windows Azure, force.com, Facebook F8, Bungee Labs 등

구분	특징	서비스 예시
IaaS (Infrastructure as a Service)	• 서버, 스토리지(storage), CPU, 메모리 등 각종 컴퓨팅 기반 요소를 서비스 형태로 제공 • 자체 인프라에 투자하기 어려운 중소업체가 중요 고객	Amazon EC2 & S3, GoGrid Joyent, AT&T 등

출처 : 스트라베이스

5.2.1 클라우드 컴퓨팅 서비스의 종류와 특징

(1) 소프트웨어 서비스 (SaaS, Software as a Service)

기존 소프트웨어 라이선스를 구매하여 개별 단말에 설치해야 하는 패키지 방식에서 벗어나, 웹 상에서 제공되는 소프트웨어를 필요한 만큼 대여하여 이용하는 서비스를 말한다. 값비싼 소프트웨어 패키지 구매 비용 없이 사용한 만큼만 요금을 지불하는 방식이라 이용자의 부담을 경감시키는 효과를 가지고 온다.

웹 상에서 실시간으로 소프트웨어 업데이트가 이뤄지므로 번거로운 업데이트 다운로드 및 설치에 따른 불편을 해소할 수 있다. 그러나 현재 제공되는 SaaS는 클라우드 서비스 사업자가 자체 개발한 소프트웨어가 대부분이라 기존 패키지 소프트웨어와의 호환성 문제 등 해결 과제가 남아 있다.

기존 패키지 소프트웨어와의 호환성이 보장되지 않을 경우 클라우드 SaaS 이용에 불편이 예상되며, 특히 문서 작성 프로그램 등 워드, 아래아 한글 등 패키지 소프트웨어의 점유율이 높은 경우는 이용자가 쉽게 클라우드 서비스로 전환하지 못할 수 있다. 3D 그래픽 작업용 소프트웨어와 같은 고용량, 고사양 제품의 경우는 인터넷으로 제공되는 데 한계가 있어, 아직까지 SaaS로 제공되는 소프트웨어의 기능이 패키지형을 사용하기에는 한계가 있다.

(2) 플랫폼 서비스 (PaaS, Platform as a Service)

PaaS는 프로그램 및 애플리케이션 개발 작업을 수행하는 데 필요한 개발 툴 등의 플랫폼 환경을 대여해주는 서비스이다. 개발 툴 이용에 따른 라이선스 비용 등을 사용한 만큼 지불함으로써 개발자의 부담을 덜 수 있고, 클라우드 상에 구축된 협업 환경을 통해 원활한 작업 프로세스를 지원한다.

주로 플랫폼 홀더가 자사의 플랫폼 생태계를 강화할 목적으로 무료 또는 저렴한 가격에 PaaS를 제공하고 있다. 개발자는 개발 비용을 절감하고 플랫폼 홀더는 더 많은 개발자의 참여로 풍부한 콘텐츠 확보가 가능해지는 윈윈(Win-Win) 효과를 기대할 수 있다.

그러나 플랫폼 홀더간 이해 관계 충돌로 서비스간 호환성 문제가 해결되지 않고 있어, 개발자 입장에서는 개별 플랫폼마다 별도의 개발 작업을 수행해야 하는 불편을 겪을 수 있다. 아래 〈그림 5-2〉는 PaaS의 구조를 보여주고 있다.

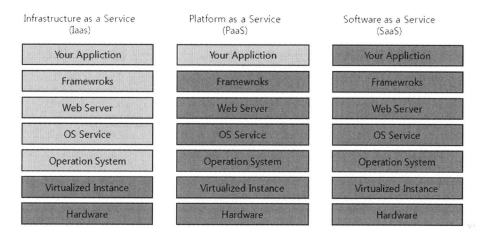

| Infrastructure as a Service (Iaas) | Platform as a Service (PaaS) | Software as a Service (SaaS) |

<〈그림 5-2〉 IaaS, PaaS, SaaS 구조>

(3) 인프라 서비스 (IaaS, Infrastructure as a Service)

IaaS는 컴퓨팅 자원의 기본이 되는 저장 매체와 하드웨어 시스템, 서버 등의 인프라 기반을 클라우드 형태로 제공하는 서비스로 중앙 서버에서 데이터를 통합 관리하고 요청이 들어온 단말기에 전송하는 방식이다.

인터넷을 통해 언제 어디서든 원하는 데이터에 접근할 수 있다는 것이 최대 장점이다. 저장된 데이터는 동기화 절차를 거쳐 다양한 단말기에서 동시 접근이 가능하며, 개별 단말기에 데이터를 저장하지 않기 때문에 단말기 파손이나 분실, 해킹에 따른 데이터 피해 우려도 줄어든다.

직접 데이터 센터를 운영하기 힘든 중소 기업의 경우 클라우드 서버를 대여하는 방식으로 데이터 관리 비용을 절감할 수 있다. 그러나 클라우드 사업자의 데이터 센터에서 모든 데이터를 총괄하기 때문에, 데이터 센터에 이상이 발생할 경우 치명적인 손실이 우려된다. 데이터 센터에 천재 지변이 일어날 경우 고객의 모든 데이터가 한꺼번에 사라지는 재앙이 닥칠 수 있다.

따라서 대부분의 IaaS 사업자는 최대한 위험이 덜한 센터 부지를 선정하고 복수의 데이터 센터를 운영하는 등 만일의 사태에 대비해야 한다.

아래 〈그림 5-3〉은 SaaS, PaaS, IaaS에 대한 개념을 간단히 요약 정리하였다.

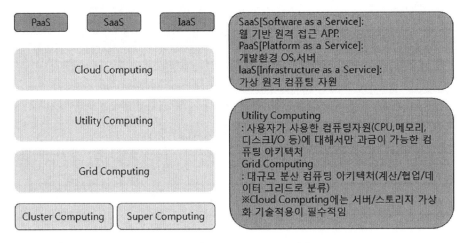

〈그림 5-3〉 SaaS, PaaS, IaaS 개념

특히, SaaS에 대한 사용 흐름은 아래 〈그림 5-4〉와 같이 정리할 수 있다.

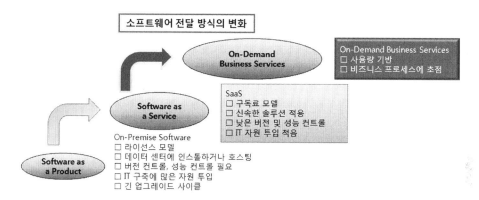

〈그림 5-4〉 SaaS에 대한 사용 흐름

5.3 클라우드 컴퓨팅 관련 기술 동향

5.3.1 아마존(Amazon): 방대한 데이터 센터 인프라 활용한 'AWS'

미국 최대의 전자상거래 사업자 아마존(Amazon)은 특정 기간 외에는 유휴 상태로 방치되는 IT 자산을 활용하기 위해 2002년부터 클라우드 컴퓨팅 서비스 아마존 웹 서비스(Amazon Web Service; AWS)를 제공 중에 있다.

전자상거래 사업 특성 상 소비자가 몰리는 연말 시즌 등 특정 기간의 사용량이 폭증하는 것을 대비해, 아마존은 자체적으로 거대한 서버 인프라를 구축한 상태이다. 웹 기반의 스토리지 서비스 'S3'와 프라이빗 가상화 서버 대여 서비스 'EC2'가 대표적이다. 2010년 아마존의 매출 비중에서 AWS가 차지하는 비중은 1% 미만으로 매우 낮지만, 차세대 수익 기반으로서 클라우드 컴퓨팅에 주목하고 있다.

AWS 서비스 확대를 통해 2010년도에 70%, 2011년도에 56%의 성장률을 달성하고 있다. AWS 외에도 최근 연간 79달러로 빠른 무료 배송 혜택을 제공하는 'Amazon Prime' 회원을 대상으로 무제한 스트리밍 동영상 서비스 출시를 선언하는 등 엔터테인먼트 분야의 클라우드 서비스도 적극 추진 중이다.

5.3.2 애플(Apple): iOS와 Mac간 연동 서비스 'MobileMe'

애플은 아이폰, 아이패드, 아이팟 터치 등 iOS 운영체제를 탑재한 모바일 단말과 Mac, Macbook 등 데스크톱 운영체제를 탑재한 PC 단말간 데이터/콘텐츠 동기화 서비스 'MobileMe'를 제공하고 있다.

MobileMe는 전자우편, 캘린더, 주소록, 사진, 각종 문서 데이터 등을 iOS 모바일 단말과 맥에서 자유롭게 이용할 수 있는 단말기 간 동기화 서비스이다. iOS 단말과 Mac의 위치 정보를 서로 연동하여 잃어버린 스마트폰을 찾아주는 'Find My iPhone' 기능도 제공한다.

MobileMe는 출시 당시부터 각종 오류로 인한 불편과 월 99달러의 다소 비싼 이용료 탓에 소비자의 외면을 받았으나, 최근 인터페이스 강화와 일부 대표 기능 무료 전환으로 반전을 꾀하고 있다. 아이폰과 아이패드, 아이팟 터치의 운영체제를 iOS 4.2로 통합하면서 모든 모바일 단말에서 MobileMe 서비스 이용이 가능해지고 있다. 분실 단말 찾기 서비스인 'Find My iPhone'과 사진 콘텐츠 공유 서비스 'MobileMe Gallery'를 무료로 전환하고 있다.

애플은 MobileMe 외에도 'AirPlay', 'AirPrint' 등 모바일 클라우드 기반 기능을 확충하여 자사의 단말 내에서 통합 서비스 생태계를 구축하는 중이다.

5.3.3 구글(Google): 클라우드 웹 기반 PC 운영체제 'Chrome OS'

구글은 중앙 서버에서 모든 작업을 처리하고 이를 이용자 단말기에 전송하는 클라우드 웹 기반 PC 운영체제 '크롬(Chrome) OS'를 시범 서비스하고 있다. 구글은 대부분의 PC 이용자가 가장 많이 사용하는 기능이 인터넷 이용이라고 판단하고, 크롬 OS의 기본 개념을 '웹 브라우저의 OS화'를 시도하고 있다.

기본적인 하드웨어 초기화와 웹 브라우저 가동을 제외한 모든 작업을 생략하여 기존 PC 운영체제 부팅보다 훨씬 빠른 부팅 속도를 자랑하고 있다.

크롬 OS는 컴퓨터가 켜져 있는 동안에는 항상 온라인 접속 상태를 유지하며, 모든 작업이 웹 브라우저를 통해 구글의 중앙 서버에 실시간으로 저장된다.

크롬 OS가 탑재된 PC를 부팅하면 첫 화면부터 크롬 웹 브라우저가 열린후 모든 작업이 브라우저 내에서만 이루어지며, 컴퓨터를 이용하려면 구글 계정으로 로그인해야 한다. 불의의 사고로 작업 내용을 저장되지 않았더라도 다시 로그인하면 직전 작업했던 화면을 그대로 불러올 수 있다. 기존 구글이 제공했던 웹 기반 클라우드 플랫폼/애플리케이션 서비스를 크롬 OS에서 모두사용 가능하다.

5.3.4 OnLive: 클라우드 기반 게임 스트리밍 서비스

OnLive는 고사양 콘솔 게임을 온라인 클라우드 상에서 바로 제공하는 신개념 게임 스트리밍 서비스를 제공하고 있다. 중앙 서버에서 모든 게임 프로그램 작업을 처리하여 인터넷을 통해 이용자 단말에 출력하는 방식으로, 음악이나 동영상 스트리밍 서비스와 유사하다. 이용자의 단말은 게임 콘트롤 입력과 화면 출력을 위한 중간 매개체로서만 활용되어, 단말 하드웨어의 성능과 무관하게 게임 플레이가 가능하다.

OnLive는 비싼 고사양 콘솔 하드웨어나 고사양 PC 없이도 초고속 인터넷 접속만 보장되면 대여 형식으로 언제든지 게임 서비스를 이용할 수 있도록 되어 있다. 현재 PC 클라이언트와 TV 셋탑 박스를 통해 서비스가 제공되며, OnLive의 게임 리뷰 기능이 탑재된 스마트폰 및 태블릿 PC용 애플리케이션도 출시된 상태이다. 게임 이용 당 과금제와 함께 월 9.99달러 무제한 정액제 상품을 내놓아 저렴한 게임 플레이 서비스 제공하고 있다.

최근 OnLive에 4,000만 달러의 거액을 투자한 모바일 벤더 HTC가 선보인 신규 태블릿 PC 'Flyer'에서 OnLive의 고사양 콘솔 게임 플레이를 완벽 재현해 화제가 되기도 했다. OnLive는 향후 게임뿐 아니라 기업용 고사양 소프트웨어도 같은 방식으로 제공할 계획이라고 밝혔다.

가령 Autodesk의 Maya 3-D 같은 고사양 PC가 요구되는 프로그램도 OnLive의 클라우드 기반 스트리밍 방식으로 어떤 컴퓨터에서든지 편리하게 이용 가능해지고 있다. 비싼 소프트웨어 패키지 구매 대신 이용량에 따른 대여 과금제로 소프트웨어 이용자의 부담도 경감될 수 있다.

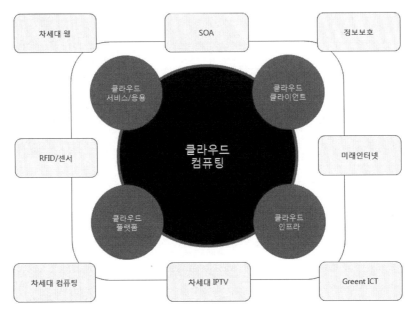

〈그림 5-5〉 클라우드 컴퓨팅과 관련된 기술

〈그림 5-5〉는 클라우드 컴퓨팅과 관련된 기술을 그림으로 보여주고 있다. 이 그림은 앞의 〈표 5-1〉과 연계해서 이해하면 이해가 쉽게 될 것이다. 클라우드 컴퓨팅과 연계 및 관련된 기술로 차세대 웹, 정보 보호, RFID/센서, 그린 IT 기술등이 해당된다. 클라우드 컴퓨팅 기술은 이러한 기술과 상호 연계되어 발전되어야 진전한 기술로서의 가치를 발휘할 수 있다.

5.4 클라우드 컴퓨팅 향후 전망

클라우드 컴퓨팅을 둘러싼 글로벌 IT 기업들의 경쟁이 치열해지는 가운데 시장 조사업체 IDC에 따르면 2010년 시장 글로벌 규모는 39조원, 2014년 추정치는 109조원에 이른다. 국내 시장은 1조 3040억에서 2조 5480억으로 성장할 것으로 한국산업기술평가원에서 추정했다. 역시 IDC의 2010년 연구 결과에 따르면 2020년경에는 디지털 정보의 3분의 1이 클라우드를 통하게 될 것이라고 한다.

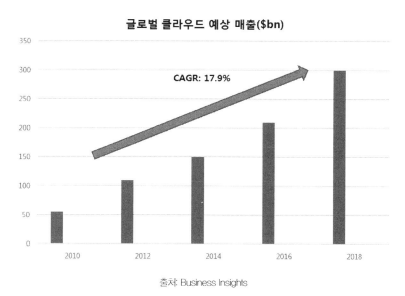

글로벌 클라우드 예상 매출($bn)

CAGR: 17.9%

출처: Business Insights

〈그림 5-6〉 글로벌 클라우드 서비스 매출 전망 (2010 – 2018)

또 다른 분석 기관인 Business Insights에서는 보수적인 접근에서의 클라우드 컴퓨팅의 글로벌 매출이 2010년부터 연평균 17.9%씩 성장하여 2018년 300조를 상회할 것이라는 예상을 내 놓았다(〈그림 5-6〉 참조).

그러면 클라우드 컴퓨팅이 이렇게 많은 전망들에서 초고속 성장이 전망되고 기업들 간 사활을 걸고 있는 사업인 이유, 즉 확산 근거는 무엇일까?

클라우드 컴퓨팅 환경은 경제성이나 IT 리소스의 탄력적 사용으로 인한 IT 투자 비용 효율화라는 근본적인 이유 외에도 다음과 같은 다양한 근거가 있다.

첫째 근거는 데이터 폭증이다. 페이스북이나 트위터 같은 SNS의 대중화와 이에 도화선을 붙인 스마트폰의 등장으로 개인 무선 데이터의 폭발은 이미 예측이 불가능한 수준에 이르렀다. 둘째 더불어 자동차나 가전기기, 무수한 센서까지 인터넷에 연결되어 빅 데이터를 양산하면서 데이터의 전달, 처리, 분석 및 관리를 보다 효율적이고 경제적으로 수행할 수 있는 클라우드 컴퓨팅에 대한 요구가 부각되었다. 데이터는 비즈니스와 사회 전반적인 영역에 미치는 영향과 그 전략적 가치로 그 어느 때보다 중요성을 인정받고 있다. 수많은 환경 센서가 인터넷에 연결되어 있는 센서 네트워크를 통해 세계 기후 변화를 예측한다거나, 모든 사물이 인터넷에 연결되는 IoT(Internet Of Things) 인프라를 통해 폭발하는 데이터를 분석하여 여러 다양한 분야에 사용할 때도 클라우드 컴퓨팅의 활용이 요구될 것이다.

셋째 대규모 바이오 정보의 통합 분석과 유전체 정보 의학, 개인별 맞춤 약물 치료 등의 분야에서도 역시 대규모 데이터를 저장하고 분석해야 한다.

즉, 본인의 게놈 지도를 가지고 치료법을 논의하는 시대가 오면서 개인에게 최적화된 의료 서비스를 제공하기 위해 환자 건강 기록을 축적하고 분석할 때 클라우드 컴퓨팅 인프라는 사용될 것이다. 빅 데이터 시대에 클라우드의 중요성은 더욱 강조되고 있다.

클라우드 컴퓨팅의 성장에 기여하는 또 다른 요소는 모바일 디바이스의 다양화 및 활성화와 제로 클라이언트의 등장으로 인한 모바일 컴퓨팅의 대중화다. 앞으로 폭발적 수요가 예상되는 태블릿 PC와 NFC 탑재 스마트폰 등 다양한 모바일 단말로 인해, 상대적 Thin 클라이언트로 보다 풍부한 어플리케이션과 컨텐츠를 서비스하기 위해 고가용성과 고품질의 컴퓨팅 파워와 네트워크가 보장되는 클라우드 인프라가 필요하다.

Thin 클라이언트를 넘어 제로 클라이언트의 출연으로 서버(클라우드)에서의 정보·미디어 처리를 극대화하는 반면, 단말 기능을 최소한으로 단순화시켜 경제성을 제고하고 있다.

어플리케이션 실행 관련 모든 컴퓨팅이 서버에서 100% 실행되며 제로 클라이언트는 표현 및 최소한의 I/O 처리만을 수행한다. 제로 클라이언트는 VDI(Virtual Device Interface) 분야에서 단순 업무 분야 위주로 적용이 시작되어 게임 기기와 커넥티드 TV를 중심으로 시장이 가시화되고 있으며, 클라우드 및 네트워크 기술의 성숙으로 그 영역을 더 확대할 것으로 예상되고 있다.

반면에 클라우드 확산의 저해 요소 중 하나는 데이터 안정성과 지속성에 대한 우려와 더불어 가입한 서비스 제공 업체에 종속되는 데이터 lock in 문제이다. 지난해에만 4곳의 클라우드 스토리지 서비스 제공업체가 문을 닫았고 올 4월 아마존의 클라우드 서비스 중단 사태도 벌어졌다.

서비스 제공 업체들의 서비스 중단과 폐쇄로 인해 현재 사용 중인 클라우드의 서비스가 중단되면 고객 데이터를 다른 업체로 직접 마이그레이션 할 수 있는 방법이 없다. 표준화된 인터페이스(API)를 통한 클라우드 서비스 제공자 간 연동(Interworking, Interoperability, federation)을 통해 서비스 제공 업체들은 고객의 데이터나 응용을 한 벤더의 클라우드에서 다른 업체의 클라우드로 마이그레이션 할 수 있게 된다. 벤더 종속성이 완화될 수 있는 셈이다.

그럼 퍼스널 클라우드는 어떻게 개인의 삶을 변화시킬까? 인터넷을 통해 IT 인프라를 공유하는 클라우드 컴퓨팅 기술 활용이 기업에서 개인 고객으로 확대되면서 퍼스널 컴퓨터가 아닌 퍼스널 클라우드 시대가 도래 하고 있다. 컨텐츠를 백업하고 보호하기 위한 소비자의 욕구와 음악, 비디오, 게임과 같은 프리미엄 컨텐츠를 다양한 디바이스에서 액세스하고 싶은 요구, 미디어 관리 및 동기화, 공유 같은 요소들이 퍼스널 클라우드 서비스의 성장을 견인하고 있다.

어떠한 디바이스에서든 언제, 어디서나 콘텐츠에 접근하려는 소비자의 욕구가 콘텐츠를 클라우드로 옮겨가고 있다. 이 욕구는 편리한 방식의 이동성과 풍부한 미디어를 디스플레이할 수 있는 능력을 결합한 태블릿 PC와 같은 디바이스의 등장으로 가속화되고 있다. 이러한 퍼스널 클라우드의 부상으로 개인은 더 이상 무거운 노트북을 들고 다니거나 일을 하기 위해 본인의 업무용 PC 앞에 앉을 필요가 없어질 것이다. 또는 어제 아이패드에 다운 받은 영화를 집에 있는 TV에서 별도의 다운로드나 추가 프로그램의 설치 없이 편하게 볼 수 있을 것이다.

구글이 지난해 내놓은 구글 TV는 전통적인 TV에 CPU와 저장 장치를 탑재하고 인터넷과 연결하면 PC와 동일한 애플리케이션과 콘텐츠를 이용할 수 있다. 최근에는 오디오 냉장고 세탁기 조명기기 등에 이 같은 변화가 일어나고 있다. 자동차와 IT기기의 결합도 가속화되고 있다.

IT 산업 전반에 걸쳐 클라우드 컴퓨팅 연계가 확산되고 있는 것이다.

예를 들어 게임 산업과 클라우드가 연계된 Cloud Based Game 소프트웨어는 클라우드 인프라에서 실행되며 PC, IPTV, 모바일 폰 등의 저사양 단말에서도 고품질의 게임을 이용할 수 있는 실시간 스트리밍 게임 서비스이다. 게임은 높은 사용자 체감 품질이 요구되는 고난이도 서비스로 초기 사업 시 사용자 요구의 예측이 힘들고 고품질의 IT 자원이 요구되므로 클라우드 플랫폼이 잘 활용될 수 있는 대표적인 영역이다. 즉, 게임의 특성상 빠른 응답 속도, 화려한 그래픽 처리를 위한 컴퓨팅 파워 및 끊임없는 비디오 품질 등을 위해 높은 네트워크 성능과 고가용성이 제공되는 클라우드 인프라를 최대한 활용할 수 있다. Cloud Based Game 산업은 Online Game의 차세대 서비스로 현재는 태동 단계이나, 컨텐츠/기술/유통을 아우르는 생태계를 구축할 것이다.

클라우드 컴퓨팅은 분명 편리한 개념임에는 틀림없다. 편리한 기능 이면에 또다른 다양한 문제가 있을 수 있다. 여기서는 클라우드 컴퓨팅이 가지는 장점, 단점을 정리해 본다.

(1) 클라우드 컴퓨팅의 장점

- 저렴한 비용으로 고가의 SW를 사용할 수 있다.
- 시스템에 접속하면 낮은 사용료를 지불하고 서버와 저장 공간을 사용할 수 있다.

- 사용하지 않은 자원의 낭비를 막을 수 있다.
- 일반적으로 컴퓨터를 유지하는 비용과 프로그램 구매 비용을 아낄 수 있다.
- 공인된 서버에 데이터를 보관하며 안정성이 확보 된다.
- 공용컴퓨터를 자신의 컴퓨터처럼 사용할 수 있다.
- 자신의 기기를 매번 휴대할 필요가 없다.

(2) 클라우드 컴퓨팅의 단점

- 클라우드 컴퓨팅 내에 보관된 데이터에 대한 안정성을 담보하기 어렵다.
- 인터넷이 연결되지 않는다면 아무것도 할 수 없다.
- 사용자가 늘어날수록 인터넷 서비스의 속도가 감소하여 클라우드 컴퓨팅 시스템 사용 속도가 저하된다.
- 많은 메모리를 차지하는 프로그램(무거운 프로그램)의 수행이 어렵다.
- 서버 자체가 해킹이 되면 나의 모든 정보가 사라질 수 있다.
- 나의 모든 정보가 사라질 경우에 대한 책임이나 보상이 어렵다.
- 나의 모든 자료가 외부에 노출되어 있다.
- 클라우드 컴퓨팅에 많은 자료를 업로드 하였을 경우 자료를 다른 곳으로 옮기는 것이 불편하다.
- 서비스를 제공하는 기업의 방침에 구속될 수 있다.
- 정해진 용량(무료 저장공간)을 벗어나면 저장 공간에 대해서 추가 요금을 지불해야 한다.

참고문헌

[1]   [네이버 지식백과] 클라우드 컴퓨팅 [Cloud Computing] (두산백과)

[2]   김미점, "세상을 바꾸는 클라우드 컴퓨팅의 미래", kt경제경영연구소, 2013.

CHAPTER 6

건설과 IT 융합 기술

6.1 건설과 IT 융합 기술의 개념

건설 IT 융합은 기존 건설 산업에 통신, 환경 친화적 건축 소재 기술, 첨단 건설공정 관리 기술, 공정과 연계된 최적 물류 관리, 에너지 절감 및 효율적 이용 기술 등을 포괄하는 큰 개념이다. 건설 분야에 IT 기술의 접목을 통해 이용자는 편의성을 높이고, 사업자 측면에서는 부가 가치를 높이는 스마트 건설 산업을 이룰 수 있다.

건설 IT 융합은 건설, IT 기술, 신소재 분야가 융합 및 결합된 산업이다. 각종 통신망과 RFID(Radio Frequency IDentification)와 같은 센서 기술을 이용하여 도시 어디서든 네트워크 환경에 접속할 수 있는 유비쿼터스 환경을 구축한다. 이를 바탕으로 편리하고 안전하며 쾌적한 경제적 건축물을 구축하는 것이다.

여기서 편리한 건축물이란 사무 자동화 환경 구축으로 업무 효율성을 높이는 환경을 구축하는 것을 말한다. 안전한 건축물 구축은 각종 센서 및 CCTV 등의 상황인지 기술을 사용하여 화재와 도난, 재난 등을 24시간 감시하여 방지하는 기능을 말한다. 쾌적한 건축물 구축은 친환경 소재 및 바이오 응용 기술을 활용하여 보다 친환경적이고 쾌적한 환경을 제공하는 것이다.

경제적 건축물 구축이란 실시간 시공 관리 시스템, 건축 자재 관리와 같은 프로세스 관리로 건축 비용을 절감하고, 스마트 그리드와 같은 에너지 절감 기술을 도입함으로써 유지 비용을 절감하는 것이다.

건설 융합은 크게 기존 건설 상품에 기술을 적용하여 u-City, u-Building 등 새로운 부가 가치를 창출하는 상품을 생산하는 것과 기존 건설 산업의 프로세스에 IT 기술을 활용하여 건설 생산성을 향상시키는 것으로 나눌 수 있다.

건설 산업에 IT 기술이 융합되면 지능화, 에너지 절감 등의 경제적 효과와 더불어 홈 네트워크, 방범 및 방재, 보안 등의 생활 환경에도 획기적인 변화를 가져올 수 있다. 특히 u-시티는 유비쿼터스 IT 기술과 건설 융합의 대표적 비즈니스 모델로 산업 고도화 및 환경 인식 확대에 따른 첨단화, 고급화 및 친환경 측면의 건설수요를 수용하며, IT 역할을 크게 증대시킬 수 있다.

출처: 건설-IT 기획보고서, ETRI, 2008

〈그림 6-1〉 건설 IT 융합 산업 개념도

최근 주택 수요자의 소득 수준이 높아짐에 따라 거주자들의 생활 편의성에 대한 기대치를 충족시켜줄 필요성이 커지고 있다. 도심 인구 집중에 따른 교통, 환경 등의 도시 문제는 ITS(Intelligent Transport System)와의 연결을 통해서 교통량을 효율적으로 제어하고, 교통 체증으로 발생하는 비용을 상당

부분 줄일 수 있다.

　또한 잇따라 발생하는 범죄에 대한 예방 기능이 기존 시스템에서는 한계를 보임으로써 새로운 첨단 시스템에 대한 요구가 늘어나고 있다. 예를 들어 골목길에서 여성이 걸어가고 있는데 몇 미터 뒤에서 남성이 뒤따라가고 있는 상황을 설정해 보겠다. CCTV에서 관찰되는 상황이 통합 관제 센터에서 모니터되고 상황 발생시 즉시 호출이 될 수 있도록 한다. 통합 관제 센터에서는 상황을 주시하다가 위험도에 따라 경찰서에 연락하는 등 범죄 가능성을 미연에 방지하게 된다.

　건설 공급자 측면에서도 홈 네트워크 기술 등 첨단 기술 인프라 채용에 따른 차별화된 도시 조성이 수요자의 구매력을 증대시킬 수 있다. 현재 건설 업체는 건물을 짓고, 분양을 통해 수익을 얻을 뿐, 건물의 유지 보수에 대한 별도의 수익 모델이 없었다. 특히 최근에 주택 보급률이 100%를 상회하고 건설 기업이 증가하면서 건설 시장의 경쟁은 점점 더 치열해지면서 건설사들은 레드오션인 건설 시장에서 생존하기 위해서는 차별화가 필수 요건이 되었다.

　새롭게 제시될 수 있는 건설 IT 융합 모델은 건축 이외에 IT 기업과의 컨소시엄을 구성하여 네트워크, 통신, 센서 장비 등을 관리하고 조율함으로써 지속적인 수익을 얻는 것이 가능하게 된다. 첨단 인프라는 이미 건설된 건축물에 추가로 구축하는 것보다 도시 조성 초기에 구축되면 원가가 크게 절감되어 궁극적으로 분양원가를 낮추는 효과를 가져올 수 있다.

　IT 서비스 기업에게도 포화 상태인 기존 IT서비스 시장 속에서 지속적인 수익을 얻을 수 있는 차세대 먹거리가 될 수 있을 것이다. 실제로 주요 IT 서비스 기업들은 LG CNS의 교통 카드 사례와 같은 성공적인 레퍼런스 사업 모델을 확보하기 위해 부단히 노력하고 있다.

여기에 국제적인 사업 환경 변화도 주목할 필요가 있다. 최근 이산화탄소 규제, 에너지 절약 등 환경 관련 이슈들이 부각되면서 기후 변화 협약 교토의 정서(COP8 : Conferences of the Parties 8)비준, 도하 개발 어젠다 등 국제 환경 규제 강화와 무역 연계 협정에 따라 친환경건설 수요가 급증하고 있다.

또한 주요 국가들의 에너지 절약 등 친환경 건설 정책이 보편화됨에 따라 국내 건설 기업도 친환경 건물 구축을 해야만 하는 시점이 되었다.

6.2 건설과 IT 융합 관련 기술

건설과 IT 융합 기술에 있어서 중요한 기술이 유비쿼터스(ubiquitous) 기술이다. 유비쿼터스의 어원은 라틴어로 '언제 어디서나 있는'을 뜻하는 말로서, 사용자가 시간과 장소에 구애받지 않고 자유롭게 네트워크에 접속할 수 있는 환경을 의미한다. 즉 유비쿼터스 통신 또는 유비쿼터스 컴퓨팅이란 쉽게 말해 현재의 컴퓨터에 어떠한 기능을 추가한다든가 컴퓨터 속에 무엇을 집어넣는 것이 아니라 일상적인 사물에 제 각각의 역할에 부합되는 컴퓨터를 집어넣어 사물끼리도 서로 커뮤니케이션을 하도록 해주는 것이다.

유비쿼터스(Ubiquitous)란 라틴어로 '편재하다(보편적으로 존재하다)'라는 의미이다. 모든 곳에 존재하는 네트워크라는 것은 지금처럼 책상 위 PC의 네트워크화뿐만 아니라 휴대전화, TV, 게임기, 휴대용 단말기, 카 네비게이터, 센서 등 PC가 아닌 모든 비 PC 기기가 네트워크화되어 언제, 어디서나, 누구나 대용량의 통신망을 사용할 수 있고, 저요금으로 커뮤니케이션 할 수 있는 것을 가리킨다.

1998년 유비쿼터스란 용어를 처음으로 사용한 미국 제록스 팰로앨토연구소의 마크 와이저(Mark Weiser) 소장은 유비쿼터스 컴퓨팅이 메인프레임, PC에 이은 제3의 정보 혁명의 물결을 이끌 것이라고 예측했었다.

일본의 트론(TRON) 프로젝트를 주도해 세계의 주목을 받은 바 있는 도쿄대 사카무라 켄 교수는 저서 '유비쿼터스 컴퓨팅 혁명'을 통해 선진국의 경우 저성장 사회로의 이행이 가속화되고 있는데 유비쿼터스 컴퓨팅은 지속적 성장이 가능한 순환형 시스템의 정착을 가능하게 해줄 것이라고 전망하고 있다. 그는 저서에서 유비쿼터스 환경하에서는 정보 습득과 활용이 최적화돼 소모성 자원의 효율적인 사용이 가능해질 것이며, 유비쿼터스 컴퓨팅이 대량 생산의 획일적인 '하드와이어드' 사회를 개개인의 다양성에 적절하게 대응할 수 있는 '프로그래머블' 사회로 탈바꿈시켜줄 것으로 전망하였다.

유비쿼터스 컴퓨팅

전자공간을 물리공간에 심기

가상 현실

물리공간을 전자공간에 심기

실제 환경 ⟹ 증강된 현실   증강된 가상 ⟸ 가상 환경

〈그림 6-2〉 유비쿼터스 컴퓨팅과 가상 현실의 차이점

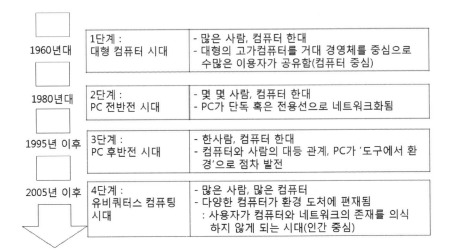

〈그림 6-3〉 유비쿼터스 컴퓨팅 시대의 발전 단계

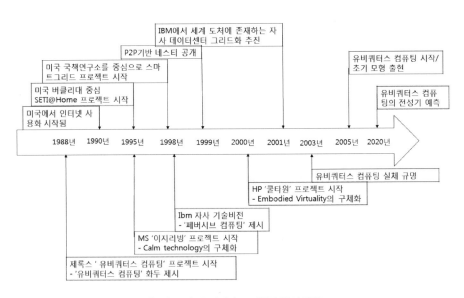

〈그림 6-4〉 유비쿼터스 컴퓨팅 발전 방향

이처럼 유비쿼터스는 최근 전 세계적으로 최대 화두로 다뤄지고 있으며, 유비쿼터스의 실현으로 실세계의 각종 사물들과 물리적 환경 전반 즉, 물리 공간에 걸쳐 컴퓨터들이 편재되게 하되 사용자에게는 겉모습이 드러나지 않도록 환경 내에 효과적으로 심어지고 통합되는 새로운 정보 통신 환경의 구축이 예상된다. 앞의 〈그림 6-2〉는 유비쿼터스 컴퓨팅과 가상 현실의 차이점을 보여준다. 〈그림 6-3〉은 유비쿼터스 컴퓨팅 시대의 발전 단계를 보여준다.

〈그림 6-4〉는 유비쿼터스 컴퓨팅 발전 방향을 보여준다.

마크 와이저가 언급한 유비쿼터스 컴퓨팅의 특징은 다음과 같다.

- 항상 네트워크에 접근 가능해야 한다는 의미이다.
- 인간화된 인터페이스(Calm Technology)로서 내장형 또는 소형 마이크로컴퓨터 칩 형식이 되어야 한다.
- 가상 공간이 아닌 현실 세계의 어디서나 컴퓨터의 사용이 가능해야 한다. 현실 세계의 구체화된 어떠한 장소에서도 컴퓨팅이 가능해야 함
- 인간화된 인터페이스 : 사용자 상황(장소, ID, 장치, 시간, 온도, 명암, 날씨 등)에 따라 서비스가 변해야 한다.

주위의 모든 사물들이 컴퓨팅 기능과 센서를 갖게 되고, 유무선 네트워크들이 통합됨으로써 언제 어디서나 간단하게 사용자와 단말기들이 상호 작용할 수 있는 환경을 유비쿼터스 환경이라고 하며, 이러한 환경에서의 비즈니스 모델은 u-커머스라 부른다.

한국은 세계 최초로 유비쿼터스 네트워크 구축 계획 (u-Korea)을 세웠으며, 이러한 유비쿼터스 네트워크는 유비쿼터스 정보 사회의 중요한 인프라가 될 것이다. 유비쿼터스 환경에서 정보를 교환하는 상대는 현재 '사람과 사람' 중심에서 '사람과 기계'로 바뀌고 있으며, '기계와 기계' 간의 통신도 증가할 것이다. 따라서 자유로운 의사 소통을 위한 인터페이스 개발과 지적 에이전트 기능이 중요하게 부각되고 있다.

관련 시장을 코어 시장과 응용 시장으로 양분하여 살펴보면, 코어 시장은 유비쿼터스 네트워크를 실현 및 구성할 설비 및 기기, 서비스 시장을 말하며, 네트워크, 어플라이언스, 플랫폼 등의 기술과 관련성이 있다. 그리고 응용 시장이란 유비쿼터스 통신 환경을 이용하여 제공되는 서비스나 컨텐츠, 상거래 시장으로 다양한 분야가 해당이 된다.

6.2.1 유비쿼터스의 현재

유비쿼터스와 관련한 최초의 기술 소개는 1989년 마크와이저의 논문에 의해 발표되었다. 1984년에는 일본의 사카무라 겐 박사가 이미 그 개념을 만들어 일본사람들은 자신들이 최초라고 이야기한다. IBM에서는 비슷한 개념이 퍼베이시브 컴퓨팅을 만들어 가고 있다. 이제 막 학문적 체계를 갖추어 나아가고 있으며 모든 IT, BT, NT산업의 궁극적인 지향점으로 보고 다들 많은 관심을 가지고 있다. 우리나라는 통신 강국이라는 명성에 걸맞게 모든 국가 자원을 지능화, 네트워크화하고 이를 바탕으로 국가 사회 시스템 혁신, 국민 삶의 질 향상, 국가 경제 발전을 추구하려는 'U-코리아' 전략을 추진 중이다.

'U-코리아' 실현을 위해서는 'IT서비스-인프라-기술 개발'이라는 세가지 요소들이 상호 보완적으로 발전돼야 하는데 이를 위해 정보통신부는 'IT 839' 프로젝트를 진행 중이다. 'IT839' 전략은 2.3GHz 휴대인터넷, DMB(위성, 지상파), 홈 네트워크 서비스, 텔레메틱스 서비스, RFID 활용 서비스, W-CDMA 서비스, 지상파 DTV, 인터넷 전화(VoIP) 등 8가지 서비스를 활성화하고 이를 뒷받침하는 광대역 통신망, USN 센서 네트워크, IPv6 도입의 3대 인프라를 구축하는 것으로 요약할 수 있다.

또 차세대 이동통신, 디지털 TV, 홈 네트워크, IT Soc, 차세대 PC, 임베디드 S/W, 디지털 콘텐츠, 텔레메틱스, 지능형 로봇 등 '9개 신성장 동력' 육성계획을 차질 없이 수행해 가시적인 성과를 달성한다는 방침이다.

정보통신부는 'IT 839' 전략을 차질없이 추진하기 위해서 성과중심의 R&D 프로세스 혁신, 산업 현장 중심의 IT 전문 인력 육성, 글로벌 IT 기업 R&D 센터 유치, 첨단 IT 제품의 테스트 배드 서비스 제공, IT 중소, 벤처 기업 육성 등 사회 전반적으로 산업 기반을 조성하고 있으며 주택, 자동차 물류 등 국민 생활과 산업 발전에 파급 효과가 큰 분야를 발굴했다.

또 모든 국민에게 디지털 방송 서비스를 제공하고 100만 중소기업 정보화 촉진의 일환으로 중소 기업의 업종별, 규모별로 적합한 맞춤형 솔루션 보급 계획을 진행중이다.

6.2.2 유비쿼터스의 진행

스마트 카드, 완벽한 무선 모바일로 자리잡은 인터넷 폰과 센트리노 등이 초기 유비쿼터스 시스템을 구현하고 있다. 언제 어디서나 인터넷을 할 수 있다는 것은 초기 상태의 유비쿼터스를 의미하며 2007년까지 유비쿼터스 환경이 구현된 디지털 홈이 1000만 가구 만들어지고 2010년에 자리를 잡아가고 있다. IT 기술 선직국으로서 유비쿼터스에 대해 거의 모든 분야의 기술을 주도하고 있는 미국은 유비쿼터스 관련 프로젝트 추진을 정보 통신 업체와 대학교 연구실에서 진행하고 있다.

유비쿼터스 컴퓨팅 기술과 응용 기술 개발에 중점을 두고 있으며, 특히 일상 생활 공간과 컴퓨터간의 자연스러운 연결이 가능한 HCI(Human Computing Interface)기술과 표준 개발을 핵심 요소로 인식하고 있다.

세부적으로는 광통신 기술을 기반으로 무선, 이동망 등을 언제, 어디서나 연결할 수 있는 하이브리드 통신 기술, 수십억 개의 임베디드화된 센서를 연결하기 위한 센서 네트워크 그리고 신뢰성과 안정성을 제고하기 위한 기술 개발에 집중하고 있다. 또 사용자 인터페이스 기술, 컴포넌트 소프트웨어, 임베디드 응용 소프트웨어, 소프트웨어 디자인 등도 중요 사항이다.

특히 소프트웨어는 인간과 유사한 수준의 기능을 수행하는 소프트웨어 기술을 확보하기 위해 혁신적인 소프트웨어 개발 방법과 디자인에 대한 연구를 강조하고 있다. 일본은 정부 주도로 2001년도부터 전문가들로 구성된 조사 연구회를 발족해 종합적인 계획을 수립했다. 그 결과 유비쿼터스 네트워크 실현을 위한 연구 개발 추진 방향을 설정하고 '야심찬 초소형칩 네트워크 프로젝트', '무엇이든 My 단말 프로젝트', '어디서든 네트워크 프로젝트' 등 3가지를 추진중인 것으로 알려졌다. 이밖에 유럽연합(EU)은 2001년 시작된 정보화 사회 기술 계획의 일환으로 미래 기술 계획이 자금을 지원하는 '사라지는 컴

퓨팅 계획을 중심으로 16개의 프로젝트 수행을 통해 유비쿼터스 혁명에 대한
대응 전략을 모색하고 있다.

6.2.3 향후 기술전망

유비쿼터스 컴퓨팅 혹은 네트워킹 기술이 초래하는 일종의 IT 혁명은 조용
하게 추진되는 혁명일지는 모르나 그것이 가져올 파급 효과는 엄청날 것으로
예상되고 있다. 유비쿼터스 컴퓨팅 혁명은 새로운 지식 정보국가 건설과 자국
의 정보 산업 경쟁력 강화를 위한 핵심 패러다임이라는 인식 하에 미국, 일본,
유럽의 정부 뿐 만 아니라 이들 국가들의 기업과 주요 연구소들이 유비쿼터
스 관련 기술을 앞 다투어 개발하고 있다.

미국은 자국의 정보 산업 경쟁력 유지를 위해서 1991년부터 유비쿼터스 컴
퓨팅 실현을 위한 연구개발을 추진해 왔으며, 그러한 계획의 일환으로 국방부
산하 고등 연구 계획국과 국가 표준 기술원(NIST)의 정보 기술 응용국(ITAO)
이 연구 자금을 지원하고 있다. 또한, 정부 기관과 대기업의 자금 지원으로
MIT, CMU 등의 주요 대학과 HP, MS, IBM 등의 민간 기업 연구소에서 다양한
프로젝트를 수행하고 있다. 미국은 주로 유비쿼터스 컴퓨팅 기술과 조기 응
용 개발에 중점을 두고 있다. 특히 일상생활 공간과 컴퓨터간의 자연스러운
통합이 가능한 HCI(Human Computer Interaction) 기술과 표준 개발을 핵심
요소로 인식하고 있다.

일본은 자국이 국제 경쟁력을 확보하고 있는 광, 모바일, 센서, 초소형 기계
장치, 가전, 부품, 재료, 정밀 가공 기술 등을 연계시켜 조기에 유비쿼터스 네

트워크를 구현하여 세계 최첨단 IT 국가를 실현하고, 최근에 약해지고 있는 자국의 국가 경쟁력을 강화하기 위한 야심찬 계획을 추진 중이다. 일본의 전략은 미국의 강점 분야인 컴퓨터, 소프트웨어 등의 핵심 기술도 중요하지만, 마이크로 센서 기술을 이용한 사람과 사물간의 통신 그리고 그와 관련된 주변 기술도 중요하다고 인식하고 있다. 유비쿼터스 네트워크 조사 연구회에서 전망하듯이 일본은 유비쿼터스 네트워크 사회의 실현이 새로운 산업 및 비즈니스 시장의 창출과, 편리하고 풍요로운 라이프 스타일의 실현, 그리고 일본이 직면하고 있는 고령화 문제, 교통 혼잡, 지진, 환경 관리 등을 해결하는데 기여할 수 있을 것으로 기대하고 있다.

미국과 일본은 유비쿼터스 컴퓨팅 기술 개발 방향과 전략에서 약간의 차이를 보이고 있다. 미국은 기술적 비전 제시와 필요한 부문에서의 조기 응용을 강조하는 반면에, 일본은 국가 차원의 정책적 추진에 비중을 두고 있다.

이는 미·일 양국간의 유비쿼터스 컴퓨팅 추진에 대한 시각차와 기술력의 차이에서 비롯된 것으로 보여진다. 또한, 미국은 최첨단 컴퓨터와 소프트웨어 기술력을 토대로 바이오 기술과 나노 기술의 응용을 통해 정보 통신 기술을 새로운 차원으로 발전시켜 유비쿼터스 컴퓨팅을 구현하려 하고 있다. 이는 미국의 컴퓨터와 소프트웨어 기술력에 대한 자신감 그리고 전통적인 실용 주의가 그대로 반영된 결과라고 생각할 수 있다. 반면, 일본은 자국이 보유한 기술력과 자원을 네트워크화 함으로써 유비쿼터스 컴퓨팅을 조기에 확산시키는 전략을 수립하고 있다.

한편, 유럽은 유럽 공동체가 중심이 되어 2001년에 시작된 정보화 사회 기술 계획의 일환으로 미래 기술 계획에서 자금을 지원하는 '사라지는 컴퓨팅 계획을 중심으로 주변의 일상 사물에 센서·구동기·프로세서 등을 내장시켜 사물 고유의 기능 외에 정보 처리 및 정보 교환 기능이 증진된 정보 인공물을 개발하여 새로운 가능성과 가치를 창출하고, 궁극적으로는 인간의 일상 활동을 지원 및 향상시킬 수 있는 환경을 구축하는 것을 목표로 한다. 유럽은 이러한 프로젝트의 수행 과정에서 유비쿼터스 컴퓨팅 혁명에 대한 대응 전략을 모색하고 있다.

미국·일본·유럽의 유비쿼터스 컴퓨팅 추진 전략의 공통적 메시지를 살펴보면 다음과 같다.

- 추진 주체는 실질적으로 미국을 비롯하여 각국 정부가 주도하고 있음
- 차세대 정보 통신 기술의 개발 대상은 일상 생활을 중심으로 하는 장치 혹은 환경임
- 주요 추진 목표는 미래 기술 체제로의 진입 시도

즉, 각국 정부는 미래 기술의 실용화에 대한 공격적인 연구 개발 및 실험을 통하여 유비쿼터스 컴퓨팅 기술의 조기 일상 생활화를 추진하고 있으며, 컴퓨팅의 생활화를 통하여 새로운 거대 IT 시장의 출현을 준비하고 있다.

유비쿼터스 기술을 가장 잘 활용하는 분야가 건설이다. 건설 기술과 IT기술을 접목하여 융합 기술을 탄생시키고 있다. 건설 관련 기술과 유비쿼터스 기술을 접목하여 U-City 개념을 탄생시키고 있다. U-City란 첨단 IT 인프라와 유비쿼터스 정보 서비스를 도시 공간에 적용시켜 생활 편의 증대와 질적 향상, 체계적 도시 관리에 의한 안전 보장, 복지 향상, 신산업 창출 등 도시 제반

기능을 혁신시키는 차세대 정보화 도시를 말한다.

도시 통합 운영 센터를 설립하고 통신 인프라 구축을 통해 효율적으로 도시를 운영 관리하는 한편, 공공기관(행정기관, 경찰서, 의료기관, 소방서 등)과 실시간 연계로 주거 편의 증진 및 안정성, 효율성 등 삶의 질적 향상을 도모할 수 있다. 유비쿼터스 도시(U-city)로 최근 세종시를 비롯한 국내 신도시에 첨단 정보 기술을 적용한 U-City(Ubiquitous City, 유비쿼터스 도시) 조성을 위한 다양한 노력이 진행되고 있다.

유비쿼터스 도시란 장소에 구애받지 않고 언제 어디서나 어떤 기기로든 자유롭게 네트워크에 접속할 수 있는 정보 통신이 구축된 도시 환경을 말한다. U-City는 국가차원에서 수행되는 전략 프로젝트로 국가 신성장 동력으로 각광받으면서 정부차원에서 적극적으로 추진 중에 있다.

〈표 6-1〉은 건설 IT 기술 현황 및 전망을 나타낸 것이다. 건설 IT 관련 기술로는 지능형 건설 기술, 건설 IT 인프라 기술, 인프라 통합 관리 기술, 에너지 절감 기술, 건설 및 신소재 기술 등이 있다. 이러한 기술들에 대한 국내 기술 수준 정도와 기술의 성숙도를 나타낸다.

건설 분야의 IT수요는 기업들의 정보화와 물류 관리에 집중되고 있다.

건설 기업의 정보화는 기업 내부 업무 통합화와 기업간 협업 체계 강화를 위한 기업간 정보화가 주된 내용이며, 기업내 정보화는 본사의 시스템을 통한 프로젝트 관리 그룹웨어 및 본사와 자재 공급 업체, 협력 업체의 협업 체계 강화를 위한 여러 가지 시스템 도입이 진행중이다. 유비쿼터스 요소기술을 응용하여 보다 효과적으로 건설 사업을 수행할 수 있는 니즈가 발생하고 있으며, 효율적으로 건설 자재를 관리할 수 있도록 RFID/USN에 대한 수요가

〈표 6-1〉 건설 IT 기술 현황 및 전망

기술명	기술개발 동향	기술 성숙도	기술 수준
• 지능형 건설기술 　- 건설장비 자동화 로봇 　- 지능형 방재 및 안전 　- 인간 친화형 감성	• 최고기술보유국: 　미국/일본 • 연구개발 진행중	• 기술실현시기: 　2010년 • 시장보급시가: 　2013년	선진국의 67% 수준
• 건설 IT인프라 기술 　- 건설 엔지니어링 　- 건설자재 life cycle 관리 　- 친환경 도시 및 u-건설 • 인프라 통합 관리 　- 안전한 건설 환경	• 최고기술보유국: 　미국/일본 • 연구개발 진행중	• 기술실현시기: 　2010년 • 시장보급시가: 　2013년	선진국의 63% 수준
• 에너지 절감/친환경 • 건설 및 신소재 기술 　- 에너지/친환경 건설 　- 에너지/친환경 신소재 및 센서	• 최고기술보유국: 　미국/일본 • 연구개발 진행중	• 기술실현시기: 　2010년 • 시장보급시가: 　2013년	선진국의 40% 수준

〈출처〉: 민간건설백서, 대한건설협회, 2008

발생하고 있다.

　건설 분야의 경우, 건설 현장 내 자재 관리, 물류 관리 등의 u-건설, 공급 사슬망 관리(SCM) 등에서 IT 활용도가 제고될 것으로 예상되고 있고, Enabler 산업으로서의 IT 역할(지원 역할)이 강조되고 있다. 건설 분야에서의 IT 활용은 기존의 SI 영역을 필두로 RFID/USN 등 현재 진행중인 IT R&D 결과를 중심으로 특성화될 것으로 예상된다. 건설업을 위한 IT 정책적인 측면에서는 기존 IT 기술을 건설 분야에서 손쉽게 활용할 수 있는 환경을 제공하는 것이 중요하다.

(1) 건설 산업 정보화

건설 업계에서 관심이 집중되고 있는 정보 기술과 관련한 이슈는 u-City와 RFID, BIM(Building Information Modelling), 그리고 건설 기업의 PMIS(Project Management Information System) 등이 있으며, 프로세스 혁신과 관련한 ERP는 꾸준히 논의되어온 주제이다. 특히 최근 일부 대형 건설 회사들이 물량 관리 시스템이라는 특이한 개념의 체계를 도입하기 위한 전략을 구상하거나, 실제 도입하고 있는 모습들을 찾아볼 수 있다.

건설 산업 부문의 정보 기술 분야 활용 측면에서 보면 u-City와 같은 건설 상품의 정보화·고급화에 대한 관심이 있으며 정보 기술의 근간에 흐르는 관심사는 BIM과 같은 공통 프로토콜등을 통한 통합적인 업무 관리 체계의 도입 및 시스템화에 의한 투명성 및 효율성의 향상이라 할 수 있다. PMIS나 ERP와 같은 일반적인 개념의 프로젝트 및 경영 관리를 위한 시스템은 건설 분야의 독특한 특성상 통합적이고 표준적인 체계로 도입되는 것에 상당한 어려움을 겪고 있다. 따라서 몇몇 대형 건설업체를 제외한 대다수의 업체들은 실무자들의 개별적인 지식과 취향에 따라서 상용프로그램을 겨우 적용하는 정도에 머물고 있으며 절대 다수의 업체들은 1970-80년대의 관리 방식을 그대로 답습하고 있는 실정이다.

대기업의 정보화 수준은 통합 정보 시스템(PMIS) 구축 및 Green 건설 기술은 초기 단계라고 볼 수 있다. 중소 기업 정보화 수준은 PC 패키지 프로그램을 사용하고 있는데 저렴하고 간편한 정보 시스템이 많이 보급되는 것이 필요하다.

① PMIS(Project Management Information System)

최근 대형 건설 업체들은 컴퓨터 기술 및 인터넷 기술의 발전과 함께 현장의 물리적인 위치에 무관하게 정보를 공유할 수 있는 정보 기술의 혜택을 한껏 누리고 있다. 또한 정보 기술의 표준화에 따라서 상이한 업무에 대한 관리시스템들의 데이터들을 공유할 수 있는 기반이 마련되고 있어 통합적인 사업관리 시스템으로의 발전을 더욱 가속화시키고 있다.

건설 회사들의 PMIS는 크게 볼 때에 현장의 투명성과 효율성 이라는 두가지 관점에서 전개되고 있다. 즉 개별 사업 중심으로 운영되며 대규모의 자금이 유통되는 건설 회사의 사업 특성상 현장 관리 투명성에 대한 경영층에서의 요구와 그 필요성이 자주 부각되고 있다.

현장 관리의 투명성을 높여서 과다하게 지출되는 자원에 대한 누수 현상을 막을 수 있다. 직접적으로는 원가 절감의 효과를 기대할 수 있고 간접적으로는 본사 경영층의 현장에 대한 장악력을 높일 수 있는 장점을 가지게 된다. 또한 투명성을 제고해서 업무 처리 절차의 명확화를 통하여 당장에는 업무의 효율이 떨어지는 것으로 보일수 있으나 궁극적으로는 안정성 있고 체계적인 업무 시스템을 구축하여 전체적인 업무의 효율성을 제고하고자 하는 목적이 있다.

반면 현장에 대한 투명성을 강제하는 시스템적 접근은 현장의 입장에서 현장업무의 진행과는 무관한 본사 보고를 위한 과도한 업무를 발생시켜서 현장의업무 효율을 저해하는 경우가 많은 것으로 인식한다. 이런 문제를 극복하기 위해서 본사에 대한 과도한 보고 체계를 단순화하고 현장의 자율적인 판단에 따라서 PMIS를 현장 여건에 적합하게 수정하여 사용하도록 하고 본사로의 통합적인 관리 체계로 구속하지 않는 경향이 나타나고 있다.

② 정보공유 프로토콜

최근 우리나라 건설업계 및 학계에서는 다양한 업무 분야와 사업 참여자간의 정보 공유를 위한 특별한 체계에 대한 관심이 높아지고 있다.

이는 다른 산업에 비하여 많은 업무 분야와 참여 조직이 하나의 건설 사업에 참여하기 때문에 발생하는 의사 소통상의 충돌과 손실을 방지하고자 하는 노력의 일환이라 할 수 있다. BIM(Building Information Model)은 IFC(Industrial Foundation Classes)와 같은 국제적인 정보 표준 체계로서 건축의 CAD분야에서 논의되기 시작한 프로토콜이다.

최근 미국의 GSA(General Services Adminstration)가 건축가 협회와 건설회사 소프트웨어 업체 등의 다양한 관련 기관 및 업체들과 수년간의 공동 연구와 시범 사업을 통하여 BIM을 표준적인 도면 제출 형식으로 공표한바 있다. 국내에서도 BIM에 대한 연구와 활용의 빈도가 높아지고 있으나 아직 발주 기관에서 이에 대한 요구는 나타나고 있지 않다. 몇몇 공공 발주 기관에서 이에 대한 검토가 시작되고 있는 것으로 보이지만 새로운 표준과 이에 맞는 업무 관계를 정립함에 있어 어려움을 겪고 있는 것으로 나타나고 있다.

그러나 BIM과 같은 프로토콜의 활용은 수작업으로 도면을 작성하거나 손으로 작성하던 시대에서 CAD로 도면을 그리고 수량 산출 시스템으로 전환한 것보다도 큰 변화를 가져올 것으로 기대되고 있기 때문에, 국내의 건설 산업도 IT 강국의 위상에 걸맞게 발전할 것으로 보인다.

(2) IBS(인텔리전트 빌딩 시스템, Intelligent Building System) 및 설계 기술

지능형 빌딩 시스템(Intelligent Building System, IBS)은 건물 공간을 단순히 활용하는 것을 넘어 첨단 정보 통신, 빌딩 자동화, 사무 자동화 등 각 분야의 시스템을 통합한 것이다. 인텔리전트 빌딩 시스템이라고도 하며 새롭게 건설되는 대규모 건물들을 중심으로 적용되고 있다. IBS를 도입한 건물은 보안이 강화된 출입 통제, 용이한 건물 관리, 쾌적한 환경 구축 등을 도모할 수 있다. 입주자들은 향상된 사무 환경을 누릴 수 있어 생산성을 높일 수 있고 건물주는 건물의 가치 향상 등의 이익을 볼 수 있다. 또 유지 보수가 용이하고 효율적인 시설물 관리가 가능해 에너지 절감 효과를 누릴 수 있다.

IBS 국내시장은 약 12조원 규모이며 세계 IBS 시장은 전체 건설 시장의 30%를 차지하고 있다. 우리나라의 IBS 건설 수준은 선진국의 59%에 불과할 정도로 매우 취약한 편이다. 앞으로 이 분야에 대한 융합 기술의 접목을 통해 선진국 수준의 기술을 개발 및 접목하는 것이 필요하다.

6.3 건설과 IT 융합 기술 동향

미국은 공기 단축, 유지 관리 비용 및 에너지 비용 절감, 생산성과 내구성 향상을 목표로 IT 융합 가상 건설, 에너지 절감 및 친환경, 지능형 건설 기술을 추진하고 있으며, u-컴퓨팅 기술, 건설 프로세스와 접목한 스마트 건설 기술 및 스마트 유틸리티 기술 개발에 치중하고 있다.

유럽의 경우 영국은 건설 산업의 경쟁력 강화를 위해 정보 통신 기술, 구조물 유지 관리, 건설 자재, 구조, 전기 등의 기술 개발을 추진하고 있는 추세로 친환경 건축 자재와 기술 통합형 친환경 도시 기술에 치중하고, 3차원 가상 건설 기술의 개발에도 관심을 가지고 있다.

일본은 국토 교통성을 중심으로 공공 사업 비용 절감 기술과, 교통과 IT기술 융합형의 차세대 도로 교통 기술인 스마트웨이 기술을 개발 중이며, 동시에 전국망 교통 정보 제공서비스(VICS : Vehicle Information & Communication System)를 보급하는 기술과 첨단 그린 도시 요소 기술을 개발 중이다.

한국은 전통적인 SOC 건설 기술을 고도화 및 지능화하기 위한 기술 개발에 집중하고 있으며, 최근 추진하는 대표적인 건설 IT 융합 기술 동향은 지능형 교통체계 기술, 유비쿼터스 도시 기술, 차세대 공간 정보(GIS) 기술, 스마트하우스 기술 개발이 있다. 한국의 경우 선진국 대비 건설 IT 융합기술 수준의 정도는 다음과 같다.

■ 건설 IT 기술은 선진국 대비 55~80% 수준이며, 기술격차는 2~4년 정도임

- 시설물 패치/삽입형 변형 진단 기술: 기술격차 3년, 상대수준 75%
- 안전 취약 구간 지능형 사고 인지, 악천후 상황 인지 기술: 기술 격차 3년, 상대수준 70%
- 능동형 피해 저감/충격 완화 기술: 기술 격차 4년, 상대 수준 55%
- 능동형 시설물 원형 치유 기술: 기술격차 4년, 상대수준 70%
- 능동형 정보 안내/관리시스템 플랫폼 기술: 기술격차 3년, 상대수준 75%
- 빌딩자동제어 및 에너지 관리 기술: 기술격차는 3년, 상대수준 65%
- 지능형 로봇 건설 장비 기술: 기술격차는 4년, 상대수준 70%

〈출처〉: 산업원천기술로드맵-IT 융합, 2009.10, KIAT

첨단 건설 자재, 핵심센서, 네트워킹, SI 업체의 선진화를 통해 각 영역에서의 단위적 핵심 제품 기술을 확보하고, 기업 간의 협력 및 연계를 통한 패키지 제품 기술 개발 프로그램을 운영하여야 한다. 그리고 국제적 시장 확보를 위해 신속한 표준화 활동으로 위닝 포지션을 차지하는 비즈니스 모델을 만들고 새로운 변화를 준비하는 전략이 필요하고, 녹색 건축 및 녹색 인프라 건설 시장의 성장에 따른 국제 표준화 및 녹색 인증 프로그램의 주도 전략이 필요하다.

■ u-City

u-City는 첨단 정보 통신 인프라와 유비쿼터스 정보 서비스를 도시 공간에 융합하여 도시 생활의 편의 증대와 삶의 질 향상, 체계적 도시 관리에 의한 안전 보장과 시민 복지 향상, 신산업 창출 등 도시의 제반 기능을 혁신시킬 수 있는 21세기형 신도시이다. 도시 건설에 IT·통신 기술과 결합된 환경 감시, 방범·방재, 지능형교통 체계, 지능형 업무 빌딩, 가정내 홈 네트워크 서비스 등이 주요 고려 사항으로 등장하고 있는데 IT기반의 첨단 공공 서비스가 사회 전반에 제공되는 도시이다.

u-City는 도시 기능을 효율적으로 구현하는 동시에 지역 특성에 부합되는 차별화된 산업 전략을 통하여 경제성을 추구하고 거주민의 도시 생활의 편의와 삶의 질을 향상시킬 것으로 기대되는 u-IT의 대표적인 비즈니스 모델로 부각되고 있다.

u-City는 IT 인프라 기술 및 서비스를 주거 경제 교통 시설 등 도시의 다양한 구성 요소에 적용한 미래형 첨단 도시로 u-교통, u-홈 편리한 도시, u-방범 방재 시설관리 안전한 도시, u-환경 쾌적한 도시, u-보건 복지 건강한 도시 서비스 등을 제공하여 삶의 질을 제고시킨다. RFID 단말기 등 하드웨어 미들웨어 플랫폼등 소프트웨어 BcN·USN·WiBro·HSDPA 등 통신 인프라 응용 서비스 등이 도시와 접목되어 새로운 시장을 창출할 수 있다.

u-City는 RFID, USN(유비쿼터스 센서 네트워크), GIS(지리정보시스템), ITS(지능형교통시스템), 텔레매틱스, BcN(광 대역통신망), WiBro 등의 IT 인프라와 기술 서비스가 유비쿼터스 기반의 새로운 도시를 탄생시키는 인프라로 구성된다. 〈그림 6-5〉는 u-City 개념도이다.

출처: 정보통신부 u-City 구축활성화기본계획 2006.12

〈그림 6-5〉 u-City 개념도

u-City 산업의 기반 기술의 특징으로는 첫째 높은 내구성으로 비/바람 등의 외부 환경 요인 및 도시 시설물의 생애 주기를 고려해야한다. 둘째 도시 구조물의 크기와 전력 공급 체계를 고려하여 알맞은 크기와 기존 전력 공급 체계의 활용이 가능해야 한다. 셋째 구조물 생애 주기에 따른 고려로 도시 구조물의 특성을 고려하여 설계 시 공유지 관리가 필요하다.

기반 기술로는 지리정보시스템(GIS), 지능형 도로 교통 시스템(ITS), 시설물 관리 시스템, 스마트 카드 등 기존 시스템에다 RFID, IPv6, USN, 광대역 통합 망 등 미래형 IT 기술이 융합되어 구현된다. 우리나라의 u-City 건설 IT 인프라 기술은 우수하나 건설 프로세스의 생산성 향상을 위한 공정 관리 기술등 IT 융합 기술 개발이 절실한 실정이다. u-City의 관건은 기술적·사회적 조건을 충족시키는 유비쿼터스 네트워크의 성공적 구축 여부에 달려있다. 세계 최고의 고밀도 도시 국가 등 단기간에 IT 혁신 모델을 적용할 수 있는 우리의 생태

적 인프라를 구축해야 할 것이다. u-네트워크가 갖추어야할 기술적 조건은 유
연하고도 확장 가능한 유무선 통합망 등과 관련한 기반 기술이 인프라와 연
동되어 구동할 수 있는 것이 관건이다.

〈표 6-2〉 u-City 기반기술

기술	내용
GPS 기술	유비쿼터스를 구현하기 위해서는 고정되어 있거나 움직이는 모든 사물의 위치 및 공간정보가 필수적인데, GIS와 GPS 정보를 결합하여 이를 유비쿼터스 환경 구축의 기본 인프라로 이용하려는 움직임이 본격화됨. 현재 2차원 DB 구축에 머물러 있는 국내 GIS 산업 수준도 최신 기술 트렌드에 맞게 3차원으로 구성하고, 유비쿼터스 정보를 담을 수 있게 첨단화되어야 함. U-환경 구현을 위해 각 사물이 갖고 있는 공간정보를 파악하고, DB화 작업이 필수적인데, 도시가 갖고 있는 주요 시설물 관리, 방범 및 안전관리 등에서 GIS를 활용하고 있다.
ITS	시내 도로 곳곳에 교통상황을 실시간으로 파악할 수 있는 카메라와 교통정보 수집 장치가 설치되고, 장치를 통해 수집된 정보는 도시교통센터에 취합되어 가정이나 자동차 운전자, 도로의 전광판에 전달됨. 교통량과 흐름에 따라 신호등 주기를 조절하고, 전체 도시의 교통정책 수립에도 ITS 기술이 활용되고 있다.
텔레매틱스	ITS 장치를 통해 도시교통센터에 취합된 교통정보는 차량 운전자의 차량용 단말기에 바로 전달되어 운전경로 선택에 도움을 줌. 차량용 단말기는 자동차를 또 하나의 멀티미디어 오피스 및 엔터테인먼트 환경으로 만들어 줌.

위 〈표 6-2〉는 U-city 기반 기술에 대해서 설명하고 있다. U-city 기반 기술
은 GIS 기술, ITS 기술, 텔레매틱스 기술등이 있다. 특히 ITS 기술의 경우는 IT
기술을 도로위에 접목함으로써 차량의 통행을 보다 원활하게 할 수 있도록
한다.

6.4 건설과 IT 융합 기술의 전망

건설 분야에는 현재까지 IT 융합의 여지가 매우 적은 편으로 단순히 IT기술을 필요에 따라 적용하는 수준이었다. u-City의 경우도 아파트 등 건축 구조물 등에 IT기술을 필요에 따라 적용하는 정도이다. 이렇게 건설 분야에서 IT 기술 활용이 부진한 것은 자동화 SW 및 툴 비중이 낮고, 수작업에 의한 작업이 다수이며, 설계 및 엔지니어링 등 부가 가치가 낮은 분야에 집중되어 있기 때문이다. 또 건물 모니터링 및 관리 시스템 낙후로 통합 관리 시스템 적용이 낮고 에너지 관리 시스템 적용이 부진하다. 이를 개선하기 위해 안전하고 높은 생산성(IT기술을 응용한 건설 프로세스 자동화 비율 제고, CAD, 가상 건설 등 IT기술을 접목한 건설 프로세스 내 부가 가치 제고), 지능형 건물 관리(에너지 절감, 친환경 건물 제어 및 관리 시스템, 도시 환경 관리에 따른 체계적 관리)로 전환시켜야 될 것이다.

건설 부문에 IT기술을 적용하는 미래 융합 기술 개발로 토목-안전성, 경제성, 신뢰성(일관성)-반복성이 타분야와 차이를 꾀할 수 있다. 또 정부가 추진하는 건설 분야 공공 사업에서도 RFID, USN, WiBro, BcN, 텔레매틱스, GPS 등의 IT 기술을 적용하여 환경 오염 및 재난/재해 관리, 물류 효율성 증대 등에 기여할 수 있다.

미래 건설 IT 융합 기술의 개발로 얻어지는 기술적 기대 효과로 세계 수준의 건설 시공 기술에 Green 건설, 친환경, 에너지 관련 IT 기술을 접목함으로써 건설 기획, 설계, 건설 엔지니어링 등의 분야에 지적 재산권(IPR, Intellectual Property Right) 선점 및 국제 표준 경쟁력을 확보할 수 있다. 또 u-Korea

건설 IT 브랜드화를 통해서 해외 건설 시장에 진출가능하다. 또한 건설 IT 융합 기술로의 패러다임 전환을 통한 국제 경쟁력 확보 및 기술 격차를 해소할 수 있다. 그리고 건설 공정 관리 IT 기술을 적용하여 비용 절감을 통한 건설 단가 인하 효과 및 시장 활성화를 도모할 수 있다.

산업적 기대 효과로 고 부가 가치 건설 시장 창출을 통한 고용 확대 및 기능성 건설 부품 신소재 산업 활성화를 통한 파급 효과를 기대할 수 있다. 2012년 52조5원 규모의 건설 IT 융합 시장 및 현재 추진되고 있는 u-City 구축 기반 기술로 활용하여 건설 생산성 향상 및 ulife 환경을 조성할 수 있다.

또 Green 건설로 건설 자재 파악 재고 관리, 건설 자재 입출고 관리, 추락 위험 지역 위험물 실시간 Green 건설 현장 관리, 건축 자재 시설물 관리, 먼지 소음 배출 감축 등을 도모할 수 있다.

건설 IT 융합 기술의 경제적 파급 효과로 첫째 세계 건설 시장에서 IT 융합 부문은 2012년 2,890억2달러로 전체 건설 시장 6조10억1달러의 48%를 점유하고 있다. 건설 IT 융합 기술 개발 선점으로 새로운 시장을 창출하는 블루오션의 기회로 삼을 수 있을 것이다. 둘째 친환경 지능형 건물 오피스는 냉난방 전기 수도등 에너지 분야에서 20%, 빌딩 자동화 시설의 운용 및 유지 분야에서 20%, 비용 절감 사무 생산성 30% 정도 향상을 꾀할 수 있다. 셋째 겨울철 실내 온도는 18~20°C로 유지할 경우 연간 1억1,713만1달러에 달하는 에너지 수입 비용을 절감할 수 있다. 넷째 고 부가 가치 건설 시장 창출과 유비쿼터스 기술이 융합된 첨단 건축을 통해 u-City를 조기 실현할 수 있다. 마지막으로 친환경 지능형 건물 기술 확보로 건물 운용비 절감 및 건설 수주 국제 경쟁력을 확보할 수 있다.

국내에서 u-시티에 대한 논의가 2002년부터 활발하게 진행되었고 2004년부터 비전과 전략이 수립되면서 각 정부 기관에서 다양한 정책과 시범 사업을 추진하였다. 초기 u-시티는 신도시 개발 관점에서 접근했으나 점차 중앙 정부와 지방 자치 단체 주도로도 영역이 확대되고 있다.

또한 삼성물산, 현대건설 등 대형 건설사 위주로 시장이 형성 되었지만 점차 중견 건설사들도 u-시티 시장에 참여하고 있는 추세이다. IT 서비스 기업들도 관련 솔루션 개발 및 관련 기술 보유 업체와 협력 영업력 강화 등 역량 강화에 주력하고 있다. 이와 더불어 최근 급속히 발달한 RFID/USN, LBS등 현 정부의 건설 육성 정책과 관련한 법률 제정 등으로 u시티 시장은 빠른 속도로 성장할 전망이다.

〈표 6-3〉 u-city 관련 미래 기술 요소

홈 네트워크	미래형 첨단도시가 구현되면 집은 주거공간의 의미만을 갖는게 아니라 도시의 첨단 기능을 다양하게 실감하고 활용하게 해주는 스마트 플랫폼의 역할을 함. TV와 가전제품, 집안의 주요 가재 도구들이 지능화되고 네트워크로 연결되어 삶의 질을 높여줌.
IBS	미래도시에는 IBS도 지금 보다 한 단계 발전해 첨단 오피스 빌딩 주거시설이 가능해짐. 건물 내의 주요 시설물에 센서가 부착되어 건물 내에 있는 사람의 위치를 자동으로 파악해 전등을 켜고 끄기도 하고 냉난방 등도 조절이 가능해지며, IT 인프라도 발전하게 됨.
원격검침	센서를 활용한 또 하나의 분야가 바로 원격검침인데, 국내에서도 전기요금, 도시가스 요금 부과에 원격검침이 활용되기 시작했고, 홈네트워크의 요소 서비스 중 하나로 자리잡고 있음. 특히 원격검침용 센서 네트워크를 활용한 다양한 부가서비스가 개발되고 있다.
전자정부	도시의 기능 중 빠져서는 안되는 것이 행정 서비스인데, 전자정부는 행정 서비스의 형태를 기존의 종이와 대면방식에서 전자문서와 인터넷으로 바꾼 것으로, 유비쿼터스 도시에서 필수적인 서비스이다.

원격 의료	미래도시에서는 유무선 네트워크와 영상정보 전송기술, 가상현실기술 등이 발달되어 의료기관을 직접 방문하지 않고도 의료서비스를 받을 수 있는 원격의료가 본격적으로 구현될 전망. 가정과 병원, 약국 등을 잇는 의료 네트워크가 구현되어 원격진료가 가능해진다.
원격 교육	최근 본격적으로 보급되기 시작한 원격교육이 u-city에서는 보다 확산되고 일반화될 전망. 교육기관을 직접 찾지 않고도 교사와 학생 간에 맞춤형 교육서비스가 이루어지고, 이를 가능하게 하는 기술도 빠르게 진화할 것으로 예상된다.
환경 및 재난 관리 시스템	센서네트워크과 유무선 통합 네트워크를 기반으로 홍수, 화재 등 재해재난 정보와 하천, 대기 등의 환경오염 정보를 실시간 파악하여 대응하는 한편, 시민들을 지역포털, 방송서비스 등을 통해 바로 피해상황 및 대피정보 등을 전달받을 수 있게 됨
USN	모든 사물에 통신기능이 있는 RFID를 부착하고, 이를 통해 사물의 인식정보를 기본으로 주변의 환경정보까지 탐지하여, 이를 실시간으로 네트워크에 연결해 정보를 관리하는 것이 USN으로 재난관리, 환경 모니터링, 원격검침, 시설물 관리에도 활용된다.
RFID	USN의 핵심요소로 각종 사물에 아이디를 부여하여 사물에 대한 정보를 실시간으로 파악하게 해주는 기술로 미래도시가 지능화될 수 있는 것은 바로 RFID가 곳곳에 부착되어 있기 때문인데, 기업의 유통, 물류, 재고관리 등에도 필수적인 기술이다.
IPv6	IP주소의 길이를 32비트에서 128비트로 확장시켜, IP주소를 가진 사물이 아무리 늘어나더라도 제한 없이 IP주소를 공급하게 해주는 차세대 인터넷 주소체계로 지능형 가전제품이 늘어나고, 홈네트워크, 유비쿼터스 등이 현실화되기 위해서는 Ipv6가 필수적이다.
Bcn	음성 데이터와 유·무선 통신, 방송이 통합된 차세대 품질보장형 통합서비스망으로, 언제 어디서나 멀티미디어 서비스를 끊김없이 이용할 수 있는 환경이다. 2000만명의 유무선 가입자를 수용하는 50~100Mps급 BcN을 구축한다는 정부 계획이 현실화되면 현재 수준의 유비쿼터스 도시를 뛰어넘는 새로운 차원의 미래도시가 구현될 전망이다.
WiBro	언제 어디서나 이동하면서 초고속 인터넷을 이용할 수 있는 무선 휴대인터넷 서비스로 PC, 노트북 컴퓨터, PDA, 차량용 수신기 등에 무선랜과 같은 와이브로 단말기를 설치하여 이동하는 차량이나 지하철에서도 휴대폰처럼 자유롭게 인터넷을 이용할 수 있다.
HSDPA	고속하향패킷접속을 통해 3세대 이동통신 기술인 W-CDMA나 CDMA보다 훨씬 빠른 속도로 데이터를 주고 받을 수 있는 3.5세대 이동통신방식이다.

위 〈표 6-3〉은 U-city 관련 미래 기술 요소를 정리한 것이다. U-city 관련 미래 기술 요소로 홈 네트워크, 원격검침, 원격교육, RFID 기술 등이 중요하다. 이러한 기술들은 보다 편리하고 안락한 도시 건설을 위한 기술들이다. 특히 홈 네트워크 기술의 경우는 주거 환경 내에 반드시 필요한 기술로 최근에 건설되는 주택의 경우는 기본 기능으로 구축이 되는 실정이다.

- 미래 도시는 u–City의 인프라, 서비스, 정책의 3가지 요소를 통해 실현이 가능할 것으로 예상
  - u-City의 인프라 및 서비스는 도시의 전반적인 생활 환경을 변화시킬 것으로 예상
    - u-Work, u-교육, u-교통, u-환경 등 u-City가 제공하는 서비스를 통해 도시의 주거, 교통, 환경 등 도시 생활 환경이 현재보다 개선될 것으로 예상
  - u-City의 특화 산업은 지역 도시를 자생력 있는 도시로 변화시킬 것으로 예상

〈그림 6-6〉은 U-city의 인프라, 서비스, 정책을 통해서 구현 가능한 미래 도시 모습을 정리한 것이다. 미래 도시의 모습은 네트워크화되고, 지능형 도시의 기능을 가지게 된다. 또한, 환경 오염 등을 줄일 수 있도록 에너지를 효율적으로 사용할 수 있는 주거 시스템이 구현될 것으로 보인다. 또한 고령화 사회를 위한 인간 중심의 질 높은 주거 환경을 제공할 것이다.

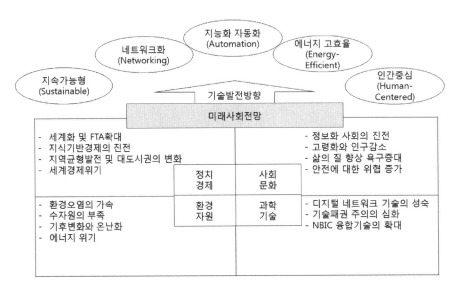

〈그림 6-6〉 u-City의 인프라, 서비스, 정책을 통한 미래 도시 모습

- IT와 건설 인프라가 융합된 새로운 개념의 도시 인프라가 등장할 것으로 예상

  • 건설 개념의 인프라가 센싱, 통신, 정보 서비스 등이 가능한 새로운 형태의 인프라로 진화하여 인프라 본연의 기능을 향상시킬 것으로 예상됨.

    - 도로는 RFID, 센서, LBS, GPS와 결합하여 ITS, 텔레매틱스 등의 지능형 정보 서비스를 제공하게 된다.

    - 교량, 터널, 상하수도 등 시설물은 GIS, USN 기술과 결합하여 실시간 모니터링, 자가 진단, 상황 대처를 통해 관리 서비스를 지능화할 수 있다.

    - 건물은 온도 조절, 자동 환기, 가스 누출 및 지진 감지 등을 자율적으로 수행하는 지능형 건물 관리(IBM : Intelligent Building Management) 기능을 내장하여 보다 쾌적한 환경을 유지 및 관리 가능하다.

■ 건설 산업의 신성장동력 창출을 위해서는 기술 흐름을 정확히 예측하고, 미래 시장을 선점하기 위한 예측이 중요
  • 건설 산업 신성장 동력을 위한 IT 기술과의 연계 기술이 필수적이다.

■ 탄소저감형 빌딩
탄소 저감형 빌딩/주택은 기존의 탄소 사이클에서 화석 연료에 의한 에너지 소비를 최소화하고, 자원 재활용과 대체 에너지 개발 및 다양한 산림 녹화 사업 등이 필요할 것으로 예상이 된다.

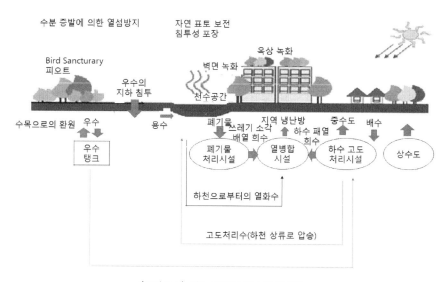

〈그림 6-7〉 탄소 저감형 시스템 개념도

〈그림 6-7〉은 탄소 저감형 U-city 시스템 개념도이다. 비가 올 경우 우수의 지하 침투를 유발하고 이 물은 우수 탱크로 모이게 되고 하수 처리 시설을 통해서 일반 용수로 사용 가능하도록 한다. 또한 건물에서 나오는 폐기물에 대해서 폐기물 처리 시설을 이용하여 지역 냉난방 에너지 자원으로 재활용할 수 있도록 한다. 이렇게 함으로써 보다 쾌적한 환경 구축은 물론이고 탄소를 줄이게 되어 지구 환경에도 기여할 수 있다.

■ SMART GREEN CITY(그린IT, 전력IT, 에너지IT)

스마트 그리드 기술과 u-city 기술 및 첨단 IT 기술을 접목하여 첨단 그린 도시를 개발하는 기술이다.

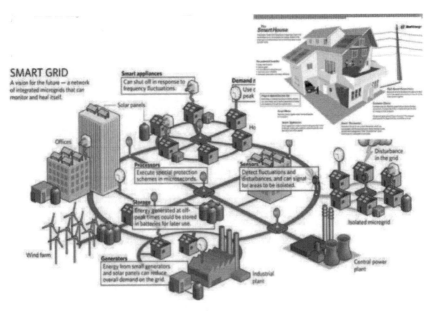

〈그림 6-8〉 스마트 그리드 그린 시티 개념도

〈그림 6-8〉은 스마트 그리드 그린 시티 개념도이다. 첨단 U-city를 구축하기 위해서는 다양한 IT 기술을 접목해야 한다. 그중에서도 스마트 그리드 기술은 필수적이다. 스마트 그리드 기술을 통해서 전력 사용을 효율적으로 관리하고 전력 사용의 관리를 통해서 이산화탄소 배출을 줄이는 도시를 건설할 수 있다. 이렇게 함으로써 보다 쾌적한 도시 건설이 가능하고 이것은 그린 시티 구축에 필수적인 요소이다.

■ 유비쿼터스 에코 도시(U-Eco City)

도시 건설의 패러다임 변화와 미래 도시에 대한 새로운 요구에 따라 유비쿼터스 도시와 지속 가능한 생태 도시의 개념이 융합된 새로운 형태의 도시 모델 개념이다

■ 유비쿼터스 에코 도시(U-Eco City) 제공 서비스
- 각종 도시 정보를 통합 관리한다.
- 언제 어디서든 안전, 교육, 의료, 복지 등 원하는 서비스를 제공한다.
- 실시간으로 교통 정보를 수집, 제공한다.
- 저에너지 친환경 주택을 통해 에너지 및 탄소 배출을 줄인 쾌적한 주거환경을 제공한다.

〈그림 6-9〉는 에코 도시 개념도이다. 에코 도시를 통해서 u-city를 조성할 수 있고, 도시에 정보화 기술을 적용할 수 있다. eco 도시는 도시 환경적인 측면을 강조하는 기술로 환경적인 측면을 강조하는 기술이다.

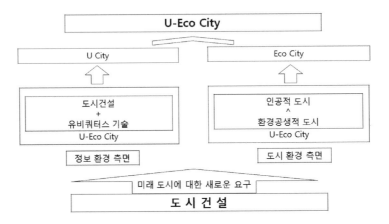

〈그림 6-9〉 에코 도시 개념도

■ 유비쿼터스 에코 도시(U-Eco City) 미래 모습

다음 〈그림 6-10〉은 U-eco 시티 모델 구축 개념도이다.

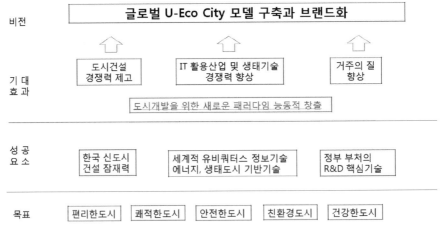

〈그림 6-10〉 U-eco 시티 모델 구축 개념도

〈그림 6-10〉은 U-eco 시티 모델 구축 개념도이다. 이 그림은 미래 U-eco 시티의 모습이라고 할 수 있다. 미래 U-eco 시티는 도시 건설 경쟁력을 향상시키고, IT 기술의 활용으로 경쟁력을 강화시키며 거주 환경의 질을 향상시킬 수 있다. 이러한 모델 구축을 통해서 U-eco 시티 도시 개발을 위한 새로운 패러다임을 창출할 수 있다.

■ U-City산업은 IT, ET, CT 분야가 결합된 병렬적 서플라이 체인 형태를 띠고 있음

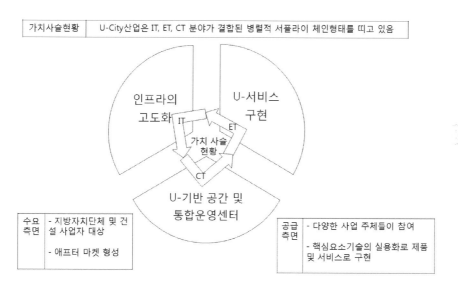

가치사슬현황	U-City산업은 IT, ET, CT 분야가 결합된 병렬적 서플라이 체인형태를 띠고 있음

〈그림 6-11〉 U-City 산업의 가치 사슬 개념도

〈그림 6-11〉은 U-City 산업의 가치 사슬 개념도이다. U-City 산업은 IT, ET, CT분야가 결합된 병렬적인 통합 구조로 되어 있다. IT 기술은 U-City 산업의

고도화를 유도할 수 있다. CT 기술은 U-City 산업에서 U-기반 공간 및 통합 운영 센터를 구축할 수 있도록 한다. ET(Environment Technology) 기술은 U-City 산업에서 U-서비스를 구현할 수 있도록 한다.

참고문헌

[1] KIPA, "IBS와 u-city를 중심으로 건설과 IT의 융합", 2009.11.12, Surveying & Mapping Magazine.

[2] 정연쾌, "건설-IT 융합 기술 개발 전략" ETRI, 2008.07.18

[3] 전황수, "건설 IT 융합기술 동향" IT SoC Magazine, 2008.09.04

[4] 건설 IT 융합 분과위원회, "건설IT 융합산업 시장 기술동향" 방재정보통신 지역혁신센터, 2009.03.02

[5] KIPA, "건설과 IT의 융합(상) IBS와 U-City 중심으로" 방재정보통신 지역혁신센터, 2009.10.15

[6] KIPA, "건설과 IT의 융합(하) 건설 IT 융합의 향후 발전 방향" 방재정보통신 지역혁신센터, 2009. 10. 26

[7] KIAT, "산업 원천 기술 로드맵" 한국산업기술진흥원, 2009.12.29

[8] 한국SW산업협회, "산업간 IT 융합 기술/시장 전망" 한국산업기술평가관리원, 2010.01.28

[9] 유현선, "건설 - IT 융합 시장 및 기술 동향과 정책적 시사점" KIET 산업경제, 2010.12.17

[10] 함호상, 정명애, 김완석, "IT 융합 R&D 기술동향" 정보통신산업진흥원, 2011.06.17

[11] 김용모, "U-CITY의 이해" 쌍용, 2007.12.21

CHAPTER 7

콘텐츠와 IT 융합 기술

7.1 콘텐츠 산업의 중요성

2001년 국민의 정부 시절, 정부는 문화 기술 혹은 콘텐츠 기술을 의미하는 CT를 국가 '6대 핵심기술'의 하나로 선정했다. 참여 정부에 들어서도, CT 지원에 대한 정부의 의지는 분명했다. 2003년 7월, 참여 정부는 우리나라 경제를 이끌어갈 '10대 차세대 성장 동력 산업' 중 하나로 문화 콘텐츠 산업을 선정했고 이를 지속적으로 육성, 지원하고 있다. 이처럼 새로운 정부가 들어설 때 마다 콘텐츠 산업 활성화를 위한 정책들을 최우선으로 발표하고 시행하고 있다. 이것은 그만큼 콘텐츠 산업이 국가 산업에서 중요한 위치를 차지한다는 것을 의미한다.

CT는 IT, BT, NT, ET(Environment Technology), ST(Space Technology, 항공우주산업) 등과 함께 6T라 불리고 있다. 그런데 사실 이 용어는 국제적으로 통용되는 용어가 아니라 우리나라에서만 사용되는 신조어이다.

이 용어를 처음 사용한 사람은 KAIST 전자전산학과의 원광연 교수다.

그는 과학과 미디어, 과학 기술과 예술의 접목에 관심을 갖고 이 분야를 개척해온 선구자이다.

CT(Culture Technology)에 대한 정의는 아래와 같다.

> ### CT(Culture Technology) 정의
>
> CT는 콘텐츠 산업의 기획·창작, 제작·표현, 유통 등에 활용되거나 관련된 서비스에 사용되는 기술로 정의 한다. CT는 콘텐츠 산업 각 가치사슬의 원활한 작동을 위하여 필요한 기술이다. 광의의 개념으로 CT는 이공학적인 기술뿐만 아니라 인문사회학, 디자인, 예술 분야의 지식과 노하우를 포함한 복합적인 기술로 정의할 수 있다.

최근 우리나라 뿐만 아니라 전 세계적으로 문화 콘텐츠 산업의 경제적, 산업적, 문화적 가치와 중요성에 대한 공감대는 어느 정도 형성되어 있다.

남은 것은 정책 의지와 실질적인 정책 추진이다. IT기술 및 인프라의 측면에서 우리나라는 유리한 고지를 점령하고 있다. 초고속 인터넷망이나 네트워크, IT기반 설비 등 하드웨어가 세계 최고 수준이며 우수 IT 인력이나 벤처 기술인 등 휴먼웨어도 풍부한 편이다. 하지만 문제는 콘텐츠와 소프트웨어이다.

KT와 SK텔레콤 등의 기간 통신 사업자들은 최근 들어 콘텐츠와 소프트웨어 확보를 위해 전력 투구하고 있다. SW와 콘텐츠가 없는 하드웨어와 네트워크는 두뇌 없는 몸체와 마찬가지기 때문이다. 하드웨어나 인프라에 비해 한국의 디지털 콘텐츠산업은 사실 여전히 취약한 편이다.

전문가들은 향후 IT 산업의 요체는 통신 서비스나 시스템이 아니라 콘텐츠와 소프트웨어라고 보고 있다. 세계적인 시장 조사 기관 IDC에 따르면 소프트웨어 산업의 규모는 무려 7,219억 달러에 달하는 것으로 발표하고 있다.

뿐만 아니라 연평균 성장률이 15%에 이르는 등 디지털 콘텐츠의 잠재력은 엄청나다.

그런데 한국은 디지털 콘텐츠를 포함한 소프트웨어 산업 규모가 18조 7천

억 원 정도에 불과하며 세계 시장 점유율은 2%에도 못 미친다. 한국의 디지털 콘텐츠는 겨우 개도국 정도 수준인 것이다. 역설적으로 이런 현실은 디지털 콘텐츠를 비롯한 문화 콘텐츠 시장이 앞으로 충분히 발전 가능성이 있으며 잠재성도 있음을 말해주기도 한다.

문화 콘텐츠 산업은 선진국에서도 국부의 중요한 부분이 되고 있다.

하지만 문화산업(또는 문화 콘텐츠 산업)이 시장의 큰 부분을 차지하기 시작한 것은 그리 오래되지 않았다. 아직도 이 분야는 앞으로 누가 선두를 차지할지 아무도 확신할 수 없다. 현재 미국, 일본, 영국, 프랑스가 문화 산업 분야에서는 단연 앞서가고 있지만, 문화 콘텐츠 산업의 후발 국가들도 이들 선진국들을 충분히 따라잡을 수 있다. 그렇기 때문에 각국이 새로운 산업의 엘도라도인 문화 콘텐츠에 매달리고 있는 것이다.

우리나라에서는 현재 문화 콘텐츠 산업이라는 용어로 통용되고 있지만, 나라마다 사용하는 용어도 각각 다르다. 세계 최고의 문화 콘텐츠 강국인 미국에서는 이를 엔터테인먼트 산업(Entertainment Industry)이라 부르고 있다. 할리우드 영화 산업의 위세에서 보이듯 엔터테인먼트 산업은 군수 산업, IT 산업과 함께 미국 경제를 지탱하는 세 기둥 중 하나이다. 한편 영국에서는 창조 산업(Creative Industry)이라고 부르고, 일본에서는 엔터테인먼트 비즈니스라고 부르고 있다.

미국의 경우, 미디어·엔터테인먼트산업은 군수 산업 다음으로 큰 비중을 차지한다. 현재 세계 시장 점유율이 70%인 미국은 문화 콘텐츠 산업 최강대국의 위용을 자랑하고 있다. 미국은 유럽 국가들처럼 총체적인 문화 정책을 갖고 있지는 않지만 나름대로 포괄적이고 체계적인 문화 예술 진흥 시스템을 갖추고 있다. 미국 문화 정책은 전통적으로 사적 동기와 자율성을 중시하고 정부의 개입을 제한하며 분권과 분산의 원칙을 따르고, 표현, 신념, 결사, 정견 등에 있어 개성을 최대한 존중한다는 등의 원칙에 입각해 있다.

한편 문화 산업 지원을 살펴보면 미연방정부는 CT 산업의 직접적인 육성보다는 정보 통신 인프라의 구축, 자유 무역 협정과 문화 시장 개방, 저작권 보호 강화, 연구 개발 지원 및 제도 개선 등 자국의 문화 콘텐츠가 세계 시장에서 잘 유통되고 시장 점유율을 높일 수 있도록 기반 환경을 조성하는 데 치중하고 있다. 특히 세계 최고의 콘텐츠 경쟁력에도 불구하고 연방 정부가 대학에 연구 개발 자금을 대규모 지원해 대학이 개발한 기술을 민간 기업으로 이전하는 체제로 유도하고 있는 것은 눈여겨 볼만하다.

또한, 최근에는 산업 사회의 문화는 계속 발전되어 왔다. 여가 시간이 늘어나고 문화 생활이 윤택해진 것은 산업 사회(Industrial Society)와는 구분되는 탈산업 사회(Post-industrial Society)의 주요한 징후 중 하나이기도 하다.

문화는 여가 선용이나 인간다운 삶의 향유 차원에서 그치지 않았고, 점차 산업과 결부되기 시작했다. 문화 자체가 하나의 산업이 되기 시작한 것이다.

요즘은 '문화'와 '상품'(Product)의 합성어인 '컬덕트'(Cul-duct)라는 말까지 사용된다.

자본주의 사회는 자본주의적인 문화를 가지고 있고 사회주의 사회는 사회주의 나름의 문화를 가지고 있다. 그런데 자본주의 사회는 말 그대로 자본(돈)이 가장 근본이 되는 사회이므로 문화도 자본의 논리로부터 벗어날 수는 없다. 그래서 자본주의 사회에서 문화와 산업을 굳이 구분하는 것은 쉽지가 않은 것이 사실이다.

이처럼 CT는 경제적인 여유가 생기면서 우리 일상 생활에서 중요한 부분을 차지하고 있다. 따라서 사회 전체의 총생산 중 문화 산업이 차지하는 비중이 점점 커질 수밖에 없다. 미국이 영화 「쥬라기 공원」 한 편으로 올린 수익은 우리나라가 한 해 동안 자동차 수출을 해서 벌어들인 총액을 능가한다.

할리우드 영화 산업은 항공 우주 산업, 군수 산업, IT 산업 등과 함께 미국의 국부를 지탱하고 있다. 바로 이런 것이 문화의 시대 21세기의 새로운 풍속도이다. 문화 산업은 국가 경쟁력의 원동력이며 미래 발전의 관건이 되고 있다.

7.2 콘텐츠 기술 동향

'콘텐츠 산업'이라는 용어 자체가 한국과 일본 등 특정 국가에서만 사용하는 개념이고, 국가별 정의가 조금씩 차이가 있기 때문에 일률적인 기준으로 정의하기는 어려운 점이 있다. 국내 분류 체계에서는 출판, 만화, 음악, 영화, 게임, 애니메이션, 방송, 광고, 캐릭터, 지식정보, 콘텐츠 솔루션, 공연 등 12개 산업을 콘텐츠 산업으로 분류하여 사용하고 있다. 미국은 영화, 비디오, 애니메이션, 음악, 게임, 방송, 지식 정보 콘텐츠 관련 산업을 엔터테인먼트 및 미디어 산업(Entertainment & Media Industry)으로 분류하여 사용하고 있다.

영국은 엔터테인먼트 산업과 예술 산업이 혼합된 개념인 창조 산업(Creative Industry)으로 분류하여 사용하고 있다. 일본은 과거 테마파크와 슬롯머신 산업을 포함시켜 대중 오락 산업(Amusement Industry)이라는 개념으로 사용하고 있다. 그리고 이 개념을 문화 콘텐츠 산업으로 명칭을 변경하고 국가 주요 산업으로 지정하여 육성하고 있다.

〈그림 7-1〉과 같이 주요국들은 자국 상황에 맞추어 주요 산업을 중심으로 분류 기준을 제시하고 진흥 정책을 추진하고 있다. 진행 방식과 주무 부처, 통계 조사 담당 기관 또한 각기 다르기에 일률적인 기준으로 정의하여 사용하기에는 쉽지 않다. 따라서 국내에서 세계 콘텐츠 시장 현황을 조사한다는 것은 엄밀하게 말해, 우리가 정의하는 콘텐츠 산업의 범위를 기준으로 해외 현황을 파악하는 것을 의미한다고 할 수 있다.

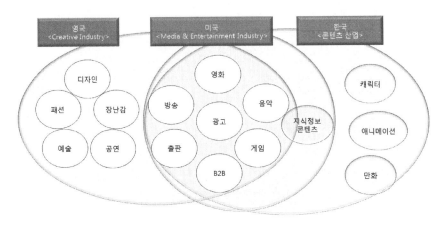

출처 : 한국콘텐츠진흥원(2012), '2012 해외콘텐츠시장 동향조사'

〈그림 7-1〉 국가별 콘텐츠산업의 명칭과 분류

　디지털 콘텐츠 기술은 부호, 문자, 음성, 음향, 영상 등의 콘텐츠를 디지털 포맷으로 가공/처리하고 이를 정보 통신망, 디지털 방송망, 디지털 저장 매체, 휴대 정보 단말 기기 등을 통하여 활용/서비스하는 기술이다. 대표적인 디지털 콘텐츠로는 게임, 영화, 애니메이션, 모바일, 이러닝(e-Learning) 콘텐츠가 주요 분야이며 이를 뒷받침하는 핵심 기술로는 컴퓨터 그래픽스, 애니메이션, 가상 현실, 모바일 3D, 디지털 콘텐츠 보호/유통과 관리/서비스 분야가 있다. 디지털 콘텐츠는 One Source Multi Use를 통한 다양한 가치 창출이 가능하며 고부가 가치 산업으로 주 시장보다는 파생 시장의 시장 규모와 이익이 큰 산업이라는 특성을 갖는다.

　〈그림 7-2〉는 콘텐츠 관련 기술 분야의 변화추이를 나타낸다. 콘텐츠 관련 기술 분야는 이동성, 상호 작용성, 생동감 등으로 나뉘어져 발전을 거듭하고 있다. 이동성과 관련하여 모바일 기기를 이용하여 편리한 이용을 보장해주기

위한 입체 콘텐츠의 제공등과 관련 기술들이 끊임없이 발전하고 있다. 상호작용성과 관련해서는 불특정 다수인이 참여하는 VR 게임등의 기술이 연구 및 개발되고 있다. 대화형 디지털 영상 관련 기술등도 이에 해당된다고 할 수 있다. 생동감과 관련해서는 몰입형 I/F 관련 기술을 연구 및 개발하고 있다.

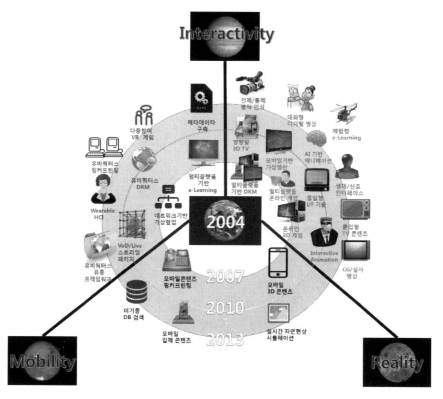

〈그림 7-2〉 콘텐츠 관련 기술 분야의 변화 추이

이러한 CT 기술 분야의 산업적 특성 이외에 통신·방송 기술이 발전하는 유비쿼터스 네트워크 환경 하에서 디지털 콘텐츠 기술은 다음과 같은 특성으로 발전해 나아갈 것으로 예상된다.

- 가상 현실, 컴퓨터 그래픽스, 3차원 게임 등의 기술이 발전하여, 실재감을 강조한 고품질 콘텐츠 개발이 가능해짐
- 콘텐츠의 단방향 전달·판매 방식에서 개인의 욕구를 충족시킬 수 있는 맞춤형 판매 및 양방향 서비스가 가능한 기술이 실현됨
- 이동 통신 Post-PC, 텔레매틱스 DTV 등 관련 분야의 기술과 시너지를 이루어 부가 가치를 증대시킴
- 콘텐츠를 안전하고 효율적으로 유통시키고 콘텐츠 저작권을 보호하는 DRM(Digital Rights Management) 기술이 지속적으로 발전됨

이와 더불어 향후 디지털 콘텐츠 기술은 콘텐츠에 대한 휴대성(Mobility), 사실감(Reality), 상호 작용성(Interactivity)을 추구하는 방향으로 전개될 것으로 예상된다.

우선 정보 단말기가 소형화, 성능화 되고 유비쿼터스 컴퓨팅 환경이 도래함에 따라서 콘텐츠의 휴대성이 강조될 것이며, 이 기종간의 연동성을 강화하는 방향으로 발전할 것으로 전망된다. 또한 디지털 콘텐츠와 관련된 컴퓨터 그래픽스 가상 현실 영상 처리 기술의 발달과 함께 고품질의 사실감을 표현하는 콘텐츠의 수요가 급증할 것이다. 그리고 광대역 통신망의 확산 및 디지털 TV의 보급·확대 등의 영향으로 상호 작용성이 강조된 디지털 콘텐츠의 보

급 및 서비스가 활성화될 것이다.

콘텐츠 기술 개발과 관련한 기술들에 대해서 설명한다.

(1) 컴퓨터 그래픽스

컴퓨터 그래픽스(CG:Computer Graphic)는 인간이 상상할 수 있는 객체나 장면을 표현하고 실제 세계에서 실현이 불가능한 것을 나타내기 위한 기술이다. 가상 객체 및 장면의 형상을 만드는 모델링 기술, 객체를 현실 세계에서 보이는 것과 같이 표현하기 위한 렌더링기술 객체의 움직임을 표현하는 애니메이션 기술 등을 적용하여 가상의 사실적인 영상을 생성한다.

모델링 기술은 이미 존재하거나 새롭게 만들어야 될 다양한 유·무형의 물체들을 컴퓨터를 사용하여 구체화하는 과정에 필요한 기술로써 최근에는 3차원 스캐너를 이용한 3차원 모델 생성 기술 실사 기반의 모델링 기술 등이 개발되고 있다. 렌더링 기술은 컴퓨터로 만든 영상에 색상과 농도의 변화 및 그림자 처리 과정 등을 거쳐 사실감을 부여하는 과정에 필요한 기술이다.

정교한 조명 효과를 가지는 영상을 렌더링하기 위해서 많은 시간을 필요하기 때문에 실시간성과 고품질의 두 가지 목적을 만족시키기 위한 다양한 기법들이 개발되고 있다. 애니메이션 기술은 컴퓨터 그래픽스 영상에 등장하는 캐릭터와 사물에 동작을 부여하는 기술이다.

기존에는 키프레임 애니메이션을 많이 사용하였으나 복잡한 동작이나 신체의 움직임이 격렬하고 섬세한 움직임은 만들 수 없는 단점이 있어 사실적

동작 생성을 위한 새로운 기법들의 연구가 활발히 진행되고 있다.

고품질의 애니메이션을 제작하기 위해서는 물리적 법칙에 기반을 둔 애니메이션이나 인공 지능 기반 애니메이션의 기술개발이 필요할 것으로 전망된다. 또한 카메라로 촬영한 실사 영상과 컴퓨터로 제작한 컴퓨터 그래픽스 영상을 합성하여 최종 영상을 만들어내는 실사영상 가상 객체 합성 기술이 디지털 영상 콘텐츠 제작에 많이 활용될 것으로 예상된다.

(2) 가상 현실

가상 현실(VR)이란 컴퓨터를 이용하여 구축한 가상의 공간과 인간 감각계와의 상호 작용을 통해 마치 현실과 같은 경험을 제공하기 위한 기술이다.

다시 말하면 "인간의 상상에 의한 공간과 사물을 컴퓨터를 통해 가상적으로 구현하고 이들과의 상호 작용을 통하여 실제와 같이 몰입할 수 있는 세계"라고 할 수 있다. 여기에는 실제의 환경을 재현하는 경우와 물리적 제약에 의해 현실 세계에서는 직접 체험할 수 없는 상황을 경험할 수 있도록 하는 경우가 모두 포함된다.

현재 가상 현실 기술은 인간의 오감에 사실적인 느낌을 제시할 수 있는 소프트웨어와 하드웨어 기술을 비롯하여 사용자의 의도나 상태를 전달하는 방법이 구현된 가상 환경 내에서의 상호 작용 등 핵심요소 기술과 장치 개발에 집중하고 있다. 그리고 의료 교육, 제조, 국방 등 다양한 응용 분야에 연관된 가상 현실 응용 시스템 개발도 활발하게 진행하고 있다.

또한 실사와 가상 현실을 합성하여 가상 공간을 재현하는 기술인 증강 현실(Augment Reality)은 Virtual Engineering 분야의 응용기술을 중심으로 개발되고 있다.

(3) 게임(game)

게임 기술은 게임 제작 기술, 게임 엔진 기술, 고급 게임 기술, 플랫폼 연동형 게임 제작 기술 등을 축으로 하여 발전될 전망이다. 게임 제작 기술은 컴퓨터 게임을 제작하고 서비스하는데 필요한 기술로서 IT 분야의 다양한 기술을 포함하고 있다. 게임 제작 기술에 있어 플랫폼을 기준으로 분류할 경우 공통 기술, PC 게임 기술, 콘솔 게임 기술, 아케이드 게임 기술, 모바일 게임 기술 등으로 나눌 수 있다.

게임 엔진 기술이란 게임 제작의 효율성과 생산성을 제고하기 위해 게임 콘텐츠의 핵심적인 기능을 제공할 수 있도록 라이브러리화하는 기술이다. 게임 엔진은 그래픽 엔진, 서버 엔진, 사운드 엔진, 입출력 제어 엔진 등을 포함하게 된다. 최근의 게임들은 향상된 컴퓨터 성능을 이용하여 다양한 종류의 고급 기술을 게임 환경 내에서 구현하여 제공하고 있다. 이러한 고급 기술은 생체 기관 애니메이션, 감정 제어, 인공 지능, 인공 생명등과 같은 기술들이 있다.

이와는 별개로 다양한 플랫폼에서 독립적으로 동작하던 게임 콘텐츠들에 대한 연동의 필요성이 증대됨에 따라 연동형 게임 제작 기술 개발이 활발히 진행되고 있다. 게임 콘텐츠의 연동 관련 기술에는 동일 콘텐츠가 서로 다른 플랫폼에서 상호작용하는 멀티 플랫폼 연동 게임 기술, 게임 콘텐츠에서 사용되는 데이터가 특별한 변환 절차를 거치지 않더라도 기종에 관계없이 사용되고 공유되고 전달될 수 있는 플랫폼 독립적 게임 데이터 기술, 하나의 소스 코드로 다양한 종류의 플랫폼에서 동작하는 콘텐츠를 동시에 개발할 수 있게 하는 플랫폼 독립적 통합 개발 기술 등이 개발되고 있다.

(4) 모바일 콘텐츠

모바일 인터넷 VM의 보급과 함께 일정 크기이상의 데이터를 이동형 단말기 안에서 실행시킬 수 있는 환경이 제공되면서 모바일 콘텐츠 시장은 급격한 성장세를 보이며 발전하고 있다. 모바일 콘텐츠는 이동 통신망, 무선랜, 휴대폰, PDA, 포스트 PC 등에서 무선의 데이터 전송 방식으로 이용이 가능한 콘텐츠를 말한다. 여기서 모바일 콘텐츠의 범위에는 유선을 통한 인터넷 콘텐츠는 제외되며 단지 유선과 무선이 연계되어 서비스가 가능한 콘텐츠만 포함한다.

국내에서는 모바일 상에서 3D를 구현하기 위하여 국제 모바일 관련 표준인 크로노스(Khronos)에 근거한 모바일 3D 콘텐츠 제작 표준 API에 대한 개발이 이루어질 예정이다. 또한 WIPI, BREW(Binary Runtime Environment for Wireless) 등 표준 기반의 플랫폼 상에서 운용할 수 있는 콘텐츠 제작 도구 기술, 모바일 브라우저 및 멀티미디어 처리 기술 등이 개발될 것으로 전망된다. 또한 유무선 플랫폼을 통합하여 유선과 무선의 서로 다른 도메인에서도 동일한 접근 환경을 제공하기 위한 다중 플랫폼 통합 표현 기술, 고정 및 이동 무선 멀티미디어 통신 프로토콜 BREW, WIPI 포함 및 망간 mobile, wireless 포함 연동을 위한 유무선 연동 다중 플랫폼 통합 기술 등에 대한 개발이 이루어질 것이다. 모바일 콘텐츠 가운데 모바일 게임에서도 3D의 경향이 두드러질 것이며 LBS 관련 기술에서도 3D 기술의 적용이 확산될 것이다.

(5) 콘텐츠 보호 유통

콘텐츠 보호 기술은 디지털 워터 마킹과 디지털 핑거프린팅 분야가 주축을 이루고 있다. 디지털 워터 마킹은 디지털 콘텐츠에 특정한 정보를 담고 있는 워터마크를 사용자가 인식할 수 없도록 삽입하는 것을 말한다. 삽입된 정보를 이용하여 디지털 콘텐츠의 저작권을 보호하도록 하는 기술이다. 보통 워터 마킹은 디지털 콘텐츠의 저작권을 보호하기 위해 DRM 기술과 함께 사용된다. 디지털 핑거프린팅 기술은 저작권자나 판매자의 정보가 아닌 디지털 콘텐츠의 사용자 정보를 삽입함으로써 사후에 발생하게 될 콘텐츠의 불법 복제자를 추적하는데 사용하는 기술이다. 콘텐츠 유통 기술은 디지털 저작권 관리(Digital Rights Management)기술을 기반으로 하여 콘텐츠 창조자, 저작권자, 배포자, 사용자등 유통 주체의 권리를 보호하고 안전하고 원활하게 콘텐츠를 유통할 수 있도록 지원하는 기술이다. 주요 개발 기술로는 메타 데이터 기술, 권리 표현 기술, 콘텐츠 패키징(Packaging) 기술, 클리어링 하우스 기술, DRM 클라이언트 기술 등이 있다.

(6) 이러닝(E-learning)

1990년대부터 IT 기술의 발달 및 인터넷 활용이 늘어남에 따라 발전되기 시작한 이러닝은 '전자적 수단 정보 통신 및 전파·방송 기술을 활용하여 이루어지는 학습'으로 정의되고 있다. 이러닝은 그동안 사이버 학습, 온라인 학습, 인터넷 학습, 원격 학습 등 IT기술이 적용된 교육을 모두 포괄하여 다양한 의미로 사용되어 왔다. 이러닝 기술은 크게 학습 자원 저작 및 관리 기술, 학습 환경 및 학습 관리 기술로 나눌 수 있다. 학습 자원을 저작하고 관리하기 위한 기술에는 학습 설계 콘텐츠 모델링, XML 바인딩 데이터 관리 등이 포함된다. 학습 환경 및 학습 관리 기술은 학습 환경 내에서 학습 콘텐츠의 전송과 학습자 및 관련 스탭이 학습에 참여하면서 발생하는 일들을 관리하도록 해준다.

7.3 콘텐츠 기술 산업 동향

7.3.1 콘텐츠 산업 생산지수 변화 추이

2014년 1분기 콘텐츠 산업 생산은 전년 동기 대비 0.2% 감소했으며, 출판·영상·방송 통신 및 정보 서비스업과 예술·스포츠 및 여가 관련 서비스업은 전년 동기 대비 각각 2.1%, 3.1% 증가하였다.

콘텐츠 산업의 각 분기별 생산은 2011년 1분기 이후 전년 동기 대비 증가세에서 2012년 1분기부터 전년 동기 대비 증가폭이 다소 정체되고 있다. 2013년 1분기 이후 전년 동기 대비 감소세에서 3분기부터 등락세로 전환되고 있다. 2014년 1분기 전체 서비스업 생산은 전년 동기 대비 2.6% 증가되었다.

2010년 100을 기준으로 2012년 및 2013년 연간 콘텐츠 산업 생산 지수는 107.8(2.8%), 108.3(0.5%)이고 서비스업 생산 지수 109.5(3.1%), 111.6(1.9%) 기록하고 있다. 2014년 1분기 콘텐츠 산업 생산 지수는 107.8로 전년 동기 대비 0.2% 감소되었다. 전체 서비스업 생산 지수는 110.9로 전년 동기 대비 2.6% 증가하였다. 콘텐츠 산업 생산의 전분기 대비를 보면 2012년 1분기를 제외하고 2011년 2분기부터 상승 기조에서 2013년 1분기 이후 하락 및 상승을 기록했으며 2014년 1분기는 전분기 대비 하락하였다.

출판·영상·방송통신 및 정보 서비스업 생산은 2012년 2분기에서 2014년 1분기까지 전년 동기 대비 4.2%, 2.5%, 0.9%, 2.6%, 0.8%, 1.0%, 5.1%, 2.1% 증가하였다. 예술·스포츠 및 여가관련 서비스업 생산은 2012년 4분기 및 2013년 2분기의 감소를 제외하고 '12년 2분기 이후 전년 동기 대비 증가 기조를 유지하고 있다.

분기별 콘텐츠 산업 생산은 2012년 1분기 이후 2013년 1분기 및 2분기의 하락을 제외하고 전분기 대비 전반적인 상승세에서 2014년 1분기 들어 하락하고 있다. 2010년 1분기에서 4분기까지 전분기 대비 하락 기조였으나, 2011년 1분기 이후 2012년 1분기를 제외하고 전분기 대비 상승세를 기록했다. 2013년 1분기 및 2분기의 전분기 대비 하락이 2013년 3분기부터 상승으로 반전되었으나 2014년 1분기 들어 전분기 대비 3.3% 하락하였다. 전체 서비스업 생산은 2012년 1분기부터 전분기 대비 등락세이며 2014년 1분기는 전분기 대비 4.1% 하락하였다. 출판·영상·방송통신 및 정보 서비스업은 2012년 1분기 이후 2013년 1분기를 제외하고 전분기 대비 상승세를 보이다가 2014년 1분기는 전분기 대비 13.9% 비교적 큰 폭의 하락을 기록하고 있다.

예술·스포츠 및 여가관련 서비스업은 2012년 1분기 이후, 2013년 2분기의 비교적 큰 폭의 상승을 제외하고 전반적인 하락 기조를 보이고 있으며 2014년 1분기는 전분기 대비 13.2% 큰 폭 하락하고 있다.

가치 사슬 단계별로 콘텐츠 산업 생산에서 2014년 1분기는 소매업 및 서비스업의 경우 전년 동기 대비 증가했으며, 제작업 및 도매업은 감소하고 있다. 가치사슬별 각 부문의 성장은 2011년 1분기 이후 편차 지속 상존하고 있다.

이에 따라 콘텐츠 수요는 공급에서의 산업 패러다임의 스마트화로 스마트 콘텐츠 중심의 소비 확대가 이어질 것으로 예상되며 이중, 대내외 경쟁력을 확보한 분야들의 생산 증대가 지속될 전망이다.

산업별 수출액을 살펴보면, 전체 수출액 1조 3,181억 원으로 전분기 대비 약 6.8% 감소하였으며, 게임 산업은 8,506억 원으로 전분기 대비 약 2.9% 증가, 지식 정보 산업은 1,251억 원으로 전분기 대비 약 17.3% 감소, 캐릭터 산업은 1,272억 원으로 전분기 대비 약 8.4% 감소, 음악 산업은 589억 원으로 전분기 대비 43.0% 감소, 출판 산업은 594억 원으로 전분기 대비 약 35.5% 감소, 콘텐츠 솔루션 산업은 473억 원으로 전분기 대비 약 4.7% 감소한 것으로 추정된다.

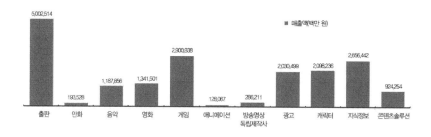

〈그림 7-3〉 2014년 1분기 콘텐츠산업 매출액 규모

2014년 세계경제는 선진국의 완만한 회복세에도 불구하고 신흥국들의 성장 둔화가 지속되고 있다. 신흥국 중심으로 대외 불안 요인에도 불구하고, 미국, 유로 등 선진국 등이 경기를 견인하면서 전반적인 세계 경기상승이 이어지고 있다. 이에 따른 다소 침체된 국내 경기 회복에도 불구하고 콘텐츠 소비등 수요 변화에 따른 산업 패러다임의 스마트화는 다양한 장르의 콘텐츠 증가로 콘텐츠산업 동종 및 이종간 융합화와 이에 부응하는 콘텐츠산업을 중심으로 지속적으로 성장이 가능할 것으로 예상된다.

〈표 7-1〉 OECD 및 non-OECD 주요국가 연간 경제성장률

구분	2012	2013	2014	2015
미국	2.8	1.7	2.9	3.4
유로	-0.6	-0.4	1.0	1.6
일본	1.9	1.8	1.5	1.0
OECD	1.6	1.2	2.3	2.7
중국	7.7	7.7	8.2	7.5
non-OECD	5.1	4.8	5.3	5.4
전세계	3.1	2.7	3.6	3.9

※ 미국, 일본 등 선진국 중심의 경기회복이 예상되면서 향후 점진적인 실업률 하락 전망

7.3.2 3D 콘텐츠 기술 동향

3D 입체 영상기술은 최근의 기술이 아니다. 한국콘텐츠 진흥원의 자료에 따르면 '3D 입체 영상 기술은 1838년 찰스 휘트스톤(Charles Wheatstone)에 의해 최초로 고안된 이후 1950년대에 애너글리프 방식으로 다수의 입체 영화가 개봉되는 등, 그 역사가 오래된 기술'이라고 정의되어 있다.

그러나 아직 국내 3D 입체 제작 기술은 영화 분야에서 도입이 시작되어 방송 분야로 확장되고 있으나, 아직은 타 국가보다는 역시 보급률이나 이용률이 떨어지고 있다.

⑴ 3D 프린터

3D 도면을 바탕으로 3차원 물체를 만들어내는 기계를 뜻한다. 현재 주 재료는 플라스틱이고, 그 이외도 금속, 왁스, 종이, 고무 등의 다양한 소재가 있지만, 가공의 용이성 등 여러 문제 덕분에 90%이상이 아직은 플라스틱이다. 현재는 금속까지 재료의 범위가 점점 넓어지고 있어서 향후가 기대되는 분야다. 그러나 아직 상용화 문제나 가격 문제에서 조금 일반인이 관심을 가지는 수준에서 머무르고 있는 것 같다. 아마 몇 년 후에는 제조회사가 없어지고 도면을 판매하여 직접 인쇄하는 날이 올 것으로 예상된다. 그리고 저작권 문제나 불법으로 총기 제작 등 여러 보안 문제도 중요한 문제로 대두하게 될 것으로 보인다.

■ 3D 프린터의 원리

① 고체형 재료를 사용하는 FDM(Fused Deposition Modeling) 방식

현재 보급형 프린터들이 대부분 사용하는 방식이다. 필라멘트라고 불리는 얇은 플라스틱 실을 녹여 아래부터 위로 층층히 쌓아나가는 방식으로, 3D 프린터 제조회사 스트라타시스(Stratasys)를 설립한 스콧 트럼프가 1988년 개발했다. 글루건으로 물체를 만드는 걸 상상하면 좀 더 쉽게 이해가 될 것이다. FDM 방식의 프린터는 SLA나 SLS 방식에 비해 프린터 가격이 저렴하지만 출력물 표면이 거칠다는 단점이 있다.

② 액체형 재료를 사용하는 SLA(Setero Lithography Appartus)방식

찰스 홀이 1984년 발명한 기술로, 빛을 받으면 고체로 변하는 광경화성 수지(액체 플라스틱)가 들어있는 수조에 레이저 빔을 쏘아서 필요한 부분만 고체화시키는 방식이다. 레이저 광선을 이용해 속도가 빠르고 FDM 방식에 비해 제품 표면이 매끄럽지만 내구성은 떨어진다. SAL(Stereo Lithography Appartus)는 미국의 3D sysems사에서 개발한 방식으로 광경화 수지에 레이저를 이용해 프린팅 해가는 방식이다. 정밀도가 뛰어나고 고속이라는 장점이 있지만 레이져가 소모품이라 유지 비용이 많이 든다는 단점이 있다.

③ 파우더형 재료를 사용하는 SLS(Selective Laser Sintering) 방식

SLA와 비슷한 방식인데 파우더형 재료(미세한 플라스틱 분말, 모래, 금속 가루 등)를 사용한다. 파우더가 담겨있는 수조에 레이저를 쏴서 얇은 막(Layer)을 형성하는 원리이다. 막이 형성된 뒤에 다시 파우더를 뿌리고, 다시 레이저를 쏘는 과정을 반복해서 물체를 만들게 된다. 레이저가 아니라 접착제를 사용하는 형태도 있다. 속도도 빠르고, 재료도 다양하며, 완제품도 정교하지만 프린터 자체가 고가에 부피가 크고, 사용을 위해 전문적인 교육이 필요하다는 단점이 있다.

■ 3D 프린터의 재료

현재 가장 널리 쓰이는 3D 프린터의 재료는 플라스틱이다. FDM방식의 보급용 프린터에서는 PLA(폴리락틱산 Poly Lactic Acid) 플라스틱과 ABS(Acrylonitrile Butadiene Styrene) 플라스틱이 주로 사용된다. PLA는 옥수수 가루를 원료로 만들어져 자연 분해가 가능한 친환경적 소재이며 ABS에 비해 가격이 상대적으로 비싼 편이다. ABS는 유독 가스를 제거한 석유 추출물 재료로, 가격이 저렴한 편이지만 PLA에 비해 쉽게 수축되는 성질을 가지고 있다.

플라스틱을 이용한 3D 프린팅

세라믹 재료로 제작된 달걀 받침대

금속 재료로 제작된 팔찌

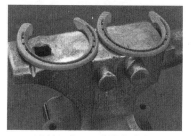
티타늄 재료로 제작된 말발굽

〈그림 7-4〉 3D 프린터를 이용한 제작 물품예

■ 3D 프린터의 활용 분야

① 자동차/항공 분야

　　캐나다의 콜이콜로직(Korecologic)는 미국 스트라타시스 사와 협력하여 세계 최초로 차량 전체를 3D 프린팅한 플라스틱 하이브리드카 Urbee 2를 생산해 주목받기도 했다. 3D 프린팅은 제품 제작 기간을 줄여주었을 뿐 아니라, Urbee의 공기역학적 차체 외관을 디자인한 그대로 생산하는데 큰 역할을 해냈다. 스트라타시스에 따르면, 결국 문제는 예산(budget)이며, 예산만 충분하다면 비행기도 3D 프린팅할 수 있을 것이라고 한다.

주행중인 3D프린터로 만든 하이브리드카 어비
1세대는 갤런당 112km를 달렸지만 2세대 어비는 갤런당
120~290마일(193~466km, 리터당 51km~123km)까지 달릴
수 있게 될 것이라고 한다.

〈그림 7-5〉 3D 프린터를 이용하여 생산한 자동차

② 항공 우주 분야

NASA에서는 기존에는 만일의 사태에 대비해 항상 여분의 부품을 챙겨야 했지만 3D 프린터가 있다면 필요한 부품을 즉석에서 바로 프린팅할 수 있기 때문에 이를 통해 우주선 내부의 공간 절약 문제 뿐 만 아니라, 필요한 부품을 적시에 만들어 내 우주 비행사의 안전을 향상시킬 수 있을 것으로 예상하고 있다. 문제는 3D 프린터가 우주에서도 작동할 수 있는지의 여부이다. 이를 위해 실리콘 밸리의 벤처기업 '메이드 인 스페이스'에 의뢰해 무중력 상태에서도 작동하는 3D 프린터를 연구하고 있다. NASA는 여기서 더 나아가, 3D 프린터와 로봇을 이용해 우주 공간에서 대형 안테나와 태양광 발전기를 조립하는 기술을 2020년까지 개발한다는 계획도 발표했다.

③ 의료 분야

의료 분야에서도 3D 프린팅은 여러 가지 방법으로 다양한 연구가 나왔다. 장기 프린팅, 의족/의수 프린팅, 보형물 프린팅, 인공뼈 프린팅 등 개인에게 꼭 맞는 제품을 보다 저렴하고 빠른 시일 내에 제작해준다는 점에서 각광받고 있다.

④ 건축 분야

2012년 8월, TedxOjai에서 Behrokh Khoshnevis 교수는 Contour craft-ing이라는 기술을 활용해, 20시간 만에 집을 짓는 것이 가능하다는 것을 보여주었다. 기본적인 컨셉은 컴퓨터에 의해 조종되는 거대한 3D 프린터가 콘크리트와 같은 재료를 활용해 층층히 쌓는 것이다.

기존의 FDM 방식의 3D 프린터가 엄청 커지고, 재료로 플라스틱이 아니라 콘크리트를 활용한다고 상상하면 된다. 기존의 집짓기 방식이 느리고 비효율적이며, 위험한 작업을 필요로 하는 등 많은 문제점을 가지고 있는데 비해, 3D 프린터 집짓기는 더 저렴한 비용으로 빠른 시간 안

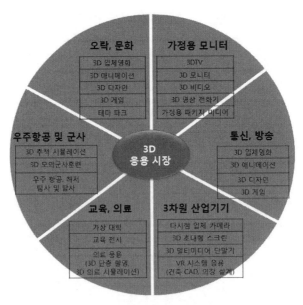

〈그림 7-6〉 다양한 3D 응용 분야

에 재료의 낭비를 최소화하며 지을 수 있다. 원래는 산업용 부품의 금형 (molds)를 제작하기 위한 기술이었는데, 자연 재해가 일어난 지역의 빠른 복구를 가능하게 할 수 있는 기술로 응용했다.

⑤ 증강 현실 기술

증강 현실은 사용자가 눈으로 보는 현실 세계에 가상 물체를 겹쳐 보여주는 기술이다. 현실 세계에 실시간으로 부가 정보를 갖는 가상 세계를 합쳐 하나의 영상으로 보여주므로 혼합 현실(Mixed Reality, MR)이라고도 한다. 현실 환경과 가상 환경을 융합하는 복합형 가상 현실 시스템(hybrid VR system)으로 1990년대 후반부터 미국·일본을 중심으로 연구·개발이 진행되고 있다.

⑥ 3D 그래픽스 압축 기술 및 표준화 동향

3D 그래픽스 데이터는 각각의 정점(Vertex) 위치를 나타내는 3차원 좌표와 이러한 3차원 정점 좌표로 구성되는 면(Face)의 표면에 그려지는 텍스처 정보를 정의하는 텍스처 좌표 및 텍스처를 기본으로 이뤄진다. 이를 기반으로 렌더링을 사용자의 의도에 따라 더욱 사실적으로 혹은 비사실적으로 나타내는 데 필요한 부가 정보, 예를 들어, 노멀 정보, 맵 정보 등으로 구성된다. 텍스처 정보의 경우, 실제 텍스처 이미지를 사용하지 않고 칼라 필드를 이용해 정의할 수 있다. 정점 좌표나 칼라 정보

등을 이용하여 면 정보를 만들기 위해 이 정점의 좌표가 어떻게 연결되는지를 정의하는 인덱스 정보도 중요하다. 이러한 기술들도 중요하지만 현재 화질이 점점 좋아지면서 전력 소모나 데이터 용량이 급격히 증가되고 있다. 따라서 전력 소모 등을 해결하는 기술 개발도 필요하다.

⑦ 무안경 다시점 3D TV 기술 및 표준화 동향

방송의 디지털 전환 완료 후, 세계 각국은 3D TV 및 UHDTV(Ultra High Definition Television)로 대표되는 실감 방송 서비스 및 기술 개발에 박차를 가하고 있다. 특히 3D TV의 경우, 현재 시판되고 있는 평면 TV의 필수 기능으로 포함되어 있으며, 우리나라를 비롯한 선진 각국에서는 상용 3D TV 방송 서비스가 제공되고 있다. 또한, UHDTV의 등장으로 무안경 다시점 3D TV의 걸림돌이던 해상도 저하 문제가 해결되면서 시점당 해상도가 향상된 다시점 3D 디스플레이 상용품 및 시제품들이 속속 발표되고 있다.

이에 따라, 무안경 다시점 3D TV 방송 서비스도 가시화 될 것으로 보며, 이를 위해서는 다시점 디스플레이뿐만 아니라 다시점 비디오 부호화 등의 표준 기술이 필요하다.

■ 3D 콘텐츠 산업 동향

① 네비게이션 + 증강 현실

아이나비는 증강 현실 화면을 보여주기 위해 내비게이션 기기에 전용 카메라를 연결했다. 아이나비는 전용 카메라를 통해 받아들인 전방 화면 정보에 도로 상황과 길 안내를 중첩해서 보여준다. 아이나비 X1은 증강 현실을 통해 길에 여러 가지 요소를 중복해서 보여준다. 길 안내보다도 운전과 관련된 도로의 정보를 보기에 수월하다. 예를 들어 어린이 보호 구역을 지날 때는 바닥을 노란색으로 칠하고 바닥에 쓰어 있지 않은 '어린이 보호 구역'이라는 글자를 화면에 띄운다. 과속하면 경로를 빨간색으로 표시해 경고한다. 급커브 주의 구간을 지날 때는 길 바깥쪽에 실제로는 없는 안전 표지판을 세운다.

물론 목소리로도 안내해주지만 화면을 보는 것만으로 도로의 정보를 파악할 수 있게 했다. 자동차가 향하는 방향에 따라 지도를 실시간으로 돌려주는 것도 착시를 줄여주었다. 길 안내는 직관적으로 표시해준다. 차선을 바꿔야 하면 큼직한 화살표를 깜빡인다. 갈림길에서는 화살표 경로 외에도 가면 안 되는 길에는 아예 벽을 쳐준다. 운전하면서 내비게이션 화면을 많이 볼 수는 없지만 표현이 아주 강렬하기 때문에 많이 볼 필요도 없다. 화면에 더 많은 정보를 만들어주되 그 화면을 볼 수 없다는 점이 증강 현실과 내비게이션이 결합하는 데 혼란스러운 점이기도 하다.

〈그림 7-7〉 네비게이션과 증강 현실을 접목한 장치

② 가구점 + 증강 현실

이케아는 세계 최대 가구 업체다. 이곳은 2010년 기준으로 따져도 매출이 34조원에 이른다. 전 세계 36개국에 진출, 300여 개에 이르는 매장을 보유하고 있다. 이케아는 저가 DIY 가구로 성공을 거뒀지만 카탈로그와 직관적인 조립 설명서, 중국에 짝퉁이 존재할 만큼 멋진 매장으로도 유명하다. 요즘 눈길을 끄는 건 카탈로그 앱이다. 이 카탈로그 앱은 증강 현실(Augmented Reality) 기술을 접목한 것이다. 카탈로그 앱을 설치한 다음 스마트폰 카메라를 가구를 놔둘 집안에 비추면 실제 자리에 가구를 배치한 것 같은 화면을 볼 수 있다.

이 앱은 다양한 기능을 지원한다. 360도 보기는 물론 동영상이나 제품 정보, 가구에 방을 두고 보는 옵션도 있다. 이 기능을 이용하려면 이케아의 책자 카탈로그를 보고 마음에 드는 가구를 고른 다음 책자를 놔두면 가상 공간에서 가구 크기나 위치를 잴 수 있다. 물론 아직까지 이케아가 제공하는 카탈로그 책자 중 증강 현실 앱을 지원하는 품목은 100여 개 남짓이지만 효용성은 높을 것으로 기대된다.

자사 고객 중 70%가 가정에서 가구를 둘 장소의 실제 크기를 모른다는 점, 14%는 아예 크기가 다른 가구를 구입한 적이 있다는 자체 조사 결과가 있었기 때문이다. 이케아 카탈로그 앱은 iOS와 안드로이드용 2가지 모두 지원한다.

〈그림 7-8〉 이케이아 앱을 이용한 가구 배치 화면

7.4 3D 콘텐츠 기술 전망

2014년 세계 경제는 선진국의 완만한 회복세에도 불구하고 신흥국들의 성장 둔화가 지속되면서 신흥국 중심으로 대외 불안 요인이 계속되고 있다.

미국, 유로 등 선진국 등이 경기를 견인하면서 전반적인 세계 경기 상승이 이어지고 있다. 이에 따른 다소 침체된 국내 경기 회복에도 불구하고 콘텐츠 소비 등 수요 변화에 따른 산업 패러다임의 스마트화는 다양한 장르의 콘텐츠 증가로 이어지고 있다. 다양한 장르의 콘텐츠 기술 개발을 위하여 콘텐츠 산업 동종 및 이종간 융합화로 이에 부응하는 콘텐츠 산업을 중심으로 지속적인 성장이 가능할 것으로 보인다.

7.4.1 가상 현실

가상 및 증강 현실 기술에 많은 기대가 있었지만 40여년이 지나도록 크게 발전하지 못했다. 그러다가 이제서야 마침내 가상 현실이 조금씩 실현이 되고 있다. 그 계기는 바로 2014년 페이스북이 2조원을 주고 오큘러스 리프트를 인수하여 바람을 일으킨 것이다. 이 시기에 필립 로즈데일의 세컨드 라이프 (Second Life)인 High Fidelity사, Immersive Media (구글의 스트리트뷰 만든 기업), Jaunt사, Giroptic 같은 회사들이 몰입형 3D 360도 카메라를 가상 현실에 응용하여 가상현실이 한층 더 발전한 것이다.

또 Magic Leap에 구글이 이미 5억4천2만불을 투자하였는데 이 Magic Leap는 게임체인저가 될 수 있다.

가상 현실 속에서 현실의 물건과 거의 구별할 수 없는 영상과 이미지를 만드는 기술을 개발 중이다. 이 현실과 구분이 힘든 이미지를 가지고 현실에서 실제의 장소를 검색하여 찾을 수 있다. 가상 현실과 관련한 기술은 앞으로 많은 발전과 투자가 이루어질 전망이다.

7.4.2 3D 프린터

3D 프린팅 애플리케이션이 늘어나면서 3D 프린터 관련 신기술이 2015년 이후 급속 성장을 계속할 것으로 보인다. CAD 모델링 소프트웨어는 더 저렴하고 사용이 용이하다. 2014년 국제 우주선에 이미 싱귤래리티 대학 창업반 출신 메이드인 스페이스가 만든 3D프린터가 무중력 상태에서 최초의 3D프린터로 물건을 프린트하는 모습을 보였다. 3D Systems는 쉬지 않고 혁신을 계속하여 3D 식품 프린터기를 만들었고, 초콜릿을 포함하여 사탕 등 다양한 식품을 프린트한다. 2015년에는 3D 프린터가 과다 출시될 예정이다. 3년 전 2개의 3D 프린터 업체가 CES에 참가하였지만 2015년 CES에는 24개 이상이 참여하였다. 이처럼 3D 프린터 기술은 앞으로 많은 분야에 적용되어 새로운 기술을 선보일 것으로 예상된다.

7.5 콘텐츠 기술의 미래 전망

7.5.1 4D 기술의 향후 전망

과거 전문가들은 4D 기술을 장시간의 영화 상영에 적용하는 것이 힘들 것이며, 4D 기술은 일부 특수한 목적의 콘텐츠에서만 사용될 것으로 전망되었다. 이미 4D 기술들이 대부분 개발 완료되었음에도 대중화되지 못하고 놀이 공원 등에만 제한적으로 사용된 것은 이 같은 이유 때문이다. 놀이 공원의 4D 어트랙션은 10분 내외의 짧은 상영 시간 동안 3D 효과와 4D 효과를 강력하게 체감토록 하는 데 그치고 있다.

그러나 최근 국내에서 CGV가 4D Plex라는 장편 영화 4D 상영관을 세계 최초로 선보여 관객들의 호응을 받고 있다. 장편 극영화에 적용이 힘들 것으로 여겨졌던 4D 기술은 4D Plex라는 성공 사례의 등장으로 새롭게 재조명 받고 있다. 그럼에도 4D 상영관이 대중화될 수 있을 것인가에는 이론의 여지가 있다. 첫째로 모든 영화에 4D 효과가 적합한 것은 아니며, 둘째로 4D 효과에 대해 호응을 보내는 관객도 있지만 이를 불편하게 여기는 관객들도 존재한다는 것이다. 셋째로 4D 상영관은 일반 상영관의 두 배에 달하는 입장료를 요구하기 때문에 지속적으로 관객들이 4D 상영관을 찾을지는 미지수이다.

즉, 관객들이 놀이공원의 4D 어트랙션처럼 4D 영화를 "한 번 즐기고 마는 것"으로 간주할 때는 4D 상영관에서 지속적인 매출을 거두는 것이 힘들게 될 것으로 전망되고 있다.

국내 시장에서 4D 콘텐츠가 활로를 모색하기 위해서는 새로운 사업 모델

개발도 필요하다. 4D 영화 상영관과 놀이공원 4D 어트랙션의 중간 형태로 게임방, 아케이드 게임센터와 유사한 프랜차이즈 사업을 펼치는 킹돔라이더가 한 사례일 수 있다.

4D 시장 활성화를 위해서는 양질의 콘텐츠 공급이 꾸준히 이루어져야 하며 적절한 4D 효과에 대한 기준 수립도 필요하다. 사람들에게 불편함이나 불쾌감을 주지 않도록 적당한 수준의 4D 효과가 영화 내용과 결합되었을 때, 4D 영화에 대한 관객의 호응이 극대화될 것으로 보인다. 4D 국내 시장은 협소하고 성장에도 한계가 있기 때문에 국내 업체들은 경쟁력 강화와 기업 규모 확장을 위해 해외 시장 진출을 적극 모색해야 한다.

7.5.2 콘텐츠의 진화

(1) 맞춤형 콘텐츠

콘텐츠 진화의 첫 번째 방향은 사용자에게 적합한 콘텐츠를 추천, 제공해주는 '맞춤형 콘텐츠'라고 할 수 있다. 맞춤형 콘텐츠는 대량으로 생산하여 일괄적으로 제공하는 것과 대조되는 방식으로서, 구체적이고 맥락적인 수요에 대응하게 된다. 이용자의 정체성(identity), 시간(time), 위치(location)에 적절한(pertinent)콘텐츠를 제공하는 것이다.

정체성은 이용자의 신원(identity), 관심(interest) 및 취향(taste)에 관한 정보를 의미한다. 이와 함께 이용 혹은 접속하고 있는 시간과 이용자의 현재 물리적 위치에 관한 정보를 통해, 콘텍스트를 고려한 콘텐츠가 만들어진다.

모든 사람들을 위한 콘텐츠가 아니라 나의 환경과 맥락에 맞춘 콘텐츠가 점점 더 중요해지고 있는 것이다. 즉, 누구나(anybody)를 위한 것보다는 나만을 위한(for me) 것, 어디서나(anywhere)를 넘어서 바로 여기(right here), 언제나(anytime)를 넘어서 바로 지금(right now)을 지향하는 것이다. 또한 모든 서비스(any service)를 넘어 내가 필요로 하는 서비스(what I need)와 모든 기기(any device)가 아니라 내가 보유하고 있는 기기(what I have)를 지향한다.

맞춤형 방송, 위치 기반 서비스(Location-Based Service; LBS), 학습자의 능력 수준, 취향, 선호에 따라 맞춤형으로 제공되는 맞춤형 교육 콘텐츠 등이 이같은 맞춤형 콘텐츠에 해당된다.

〈표 7-2〉 맞춤형 콘텐츠로의 진화

사람	Anybody (누구나)	→ For me (나에게)
장소	Anywhere (어디서나)	→ Right here (바로 여기서)
시간	Anytime (언제나)	→ Right now (바로 지금)
서비스	Any service (어떤 서비스든지)	→ What I need (내가 필요한)
장치	Any device (어떤 기기든지)	→ What I have (내 기기로)

방송은 원래 등을 기대고 이용하는 미디어(lean back media)로 간주되었으나, 점차 몸을 앞으로 숙여서 이용하는 미디어(lean forward media)로 진화하고 있다. 전통적인 푸시(push) 방식의 방송이 완전히 사라지지는 않겠지만, 타임시프트(time-shift) 혹은 플레이스시프트(place-shift) 등 소비자가 원하는 대로 콘텐츠를 소비하는 풀(pull) 방식의 시청 행태에 따라 방송 분야에서도 맞춤형 콘텐츠의 제공이 요구되고 있다. VoD나 PVR을 통해 이미 시청 행태

가 이용자 중심적으로 변화하고 있는 추세다.

DirecTV의 '마이 TV 플래너' 서비스는 이용자의 취향에 따라 프로그램을 추천해주는 맞춤형 방송 서비스의 사례다.

콘텐츠의 양적인 증가는 필연적으로 이용자의 취향에 맞춘 검색 서비스에 대한 수요를 창출했다. 구글이 2008년 11월부터 제공하기 시작한 '서치위키'는 이용자가 구글에서 검색할 때 검색 결과를 편집하는 개인화 기능을 지원한다. 구글 계정으로 로그인 한 뒤, 구글의 검색 결과에서 내용을 추가하거나 쓸데없는 내용을 제거해 자신만의 검색 결과를 나타내도록 스스로 편집할 수 있게 한 것이다. 같은 자료를 반복적으로 찾을 때 유용한 맞춤형 콘텐츠 검색 기능이라 할 수 있다.

모바일 콘텐츠는 맞춤형 콘텐츠의 주요 속성을 지니고 있다. 모바일 디바이스의 경우 사용자가 항상 소지하고 있으며, 항상 켜진 상태로 존재한다는 속성을 가지고 있다. 이러한 모바일 디바이스의 속성으로 인해 모바일 서비스는 이용자와 언제, 어디서나 비교적 손쉽게 상호 작용을 할 수 있는 장점을 가지고 있다. 또한 이용자가 어떤 장소, 어떤 상황에서 서비스나 콘텐츠를 이용했는지 파악하는 것이 기술적으로 가능하기 때문에 이용자의 행동 패턴을 분석해 서비스에 적용할 수도 있다. 따라서 향후 SNS, 위치기반서비스(LBS), 증강현실, 금융 서비스, 헬스 모니터링 등의 영역에서 모바일 맞춤형 서비스 및 콘텐츠의 활용이 활발해질 것으로 예상된다.

(2) 실감형 콘텐츠

보다 실감나는 콘텐츠를 만들기 위해 고품질화, 3D, 증강 현실(augmented reality), 햅틱스(haptics) 등 다양한 기술적 진화가 이뤄지고 있다. 시각, 청각, 촉감을 포함하는 다차원 정보의 생성, 처리, 저장, 전송, 재현 등을 통해 실재감과 몰입감을 제공한다.

방송은 고속, 고화질, 고용량 등 콘텐츠의 고품질화를 통해 실감형 콘텐츠로 진화하고 있다. HDTV나 UHDTV는 특히 방송 콘텐츠의 화질을 높여 생동감 있는 영상을 제공한다. 화면이 커지면 기존의 해상도로는 화질이 떨어지나 UHDTV는 UHDTV는 풀HD에 비해 4배 또는 16배 높은 해상도를 갖고 있다.

3D 애니메이션과 영화의 등장은 이 같은 실감형 콘텐츠의 추세를 반영하는 현상이다. 모션 캡처 등의 기술을 활용하여 생동감을 체험할 수 있게 한다. 2009년 말 개봉한 영화 '아바타'는 3D 영화로 한국에서 외화 최초로 1,000만 관객을 넘어서는 등 폭발적인 흥행을 기록했다. 아바타는 2010년 1월 마지막 주말 북미 박스오피스에서 7주 연속 1위를 차지하면서, 할리우드 영화 역사상 최초로 극장 수입 20억달러를 넘어섰다(전 세계 누적수입 20억 3,922만 2,000 달러). 이처럼 3D 콘텐츠는 앞으로 많은 사람들이 찾게되는 분야가 될 것이라는 것을 보여준 사례라고 할 수 있다.

3D는 애니메이션과 영화뿐만 아니라 방송에서도 등장했다. 2010년 1월, 위성방송 스카이라이프가 24시간 3D 위성채널 스카이 3D를 시험 송출했다. 2010년 10월에는 지상파에서도 3D 시험 방송이 시작되었다.

방송 분야에서는 축구, 농구 등 스포츠 중계에서 3D 콘텐츠가 많이 활용될 전망이다.

영국 스포츠 전문채널 스카이 스포츠와 미국의 ESPN은 2010년 남아공 월드컵 축구 경기를 3D 전용 채널로 중계했다. 스카이 스포츠는 2010년 2월 1일, 축구 중계 사상 최초로 맨체스터 유나이티드와 아스널의 잉글랜드 프리미어리그(EPL) 24라운드 경기를 3D로 생중계했다. 스카이 스포츠는 2010년 4월 3D 채널을 개국하여 방송을 하고 있다.

스포츠 장르의 특성상 실감나는 영상의 효과가 극대화될 수 있을 뿐만 아니라, 전·후반, 쿼터, 또는 이닝 사이에 쉬는 시간이 있어 장시간 시청으로 인한 구토나 어지럼증 같은 부작용을 완화할 수 있기 때문이다.

3D 콘텐츠는 역설적으로 시청자가 입체 화면을 보고 있다는 사실을 잊도록 해야 안정적으로 몰입할 수 있다는 것이다.

〈그림 7-9〉 3D 영화 및 3D 방송

3D 콘텐츠는 증강 현실(AR) 기술과 만날 때 그 효과가 더욱 배가될 수 있다. 증강 현실은 존재하는 사람이나 건물, 그림 위에 관련 이미지나 정보를 그래픽 혹은 3D 가상 현실의 형식으로 겹쳐 보여주는 기술이다.

사람이나 건물에 카메라를 갖다 대면 이와 관련된 정보나 연계된 이미지가 겹쳐져서 보이게 되는 것이다. 눈으로 보는 현실 세계와 부가 정보로 구성된 가상 세계를 합쳐 실감나는 하나의 영상으로 보여주는 가상 현실(virtual reality)의 일종이다. 그렇지만 가상의 환경에 몰입하게 함으로써 실제 환경을 볼 수 없도록 하는 것과 달리, 실제 환경과 가상의 정보가 혼합된 형태다.

즉, 가상 현실은 현실 세계를 대체하여 보여주는 반면, 가상 현실은 현실 세계를 보충하여 보여준다는 점에서 차이가 있다. 이를 통해 이용자들의 흥미를 유발시킬 수 있기 때문에 증강 현실 기술을 활용한 다양한 콘텐츠가 등장할 전망이다.

스마트 폰에서도 증강 현실 애플리케이션은 적극 활용되고 있다.

스마트 폰의 카메라를 상점이나 기념물 등을 향하게 하면 영업 시간, 메뉴, 관련 리뷰 등의 정보들이 스마트폰의 화면에 나타난다.

〈그림 7-10〉 증강 현실의 사례

이 같은 모바일 증강 현실 애플리케이션은 아직 초기 단계에 있으며, 콘텐츠의 질과 정확성을 담보하지 못하는 수준이다. 그럼에도 불구하고, 한때 선풍적인 인기를 끌었지만 몰락해버린 '세컨드 라이프'와 같은 가상 현실과 달리 현실에 기반을 두고 있다는 점에서, 증강 현실은 좀 더 유용한 것으로 평가된다.

실감형 콘텐츠를 실현시키기 위해 중요한 몰입(immersion)은 '만질 수 있다'는 느낌에 의해 한층 배가될 수 있다. 이미지에 불과한 가상의 콘텐츠를 '물리적으로(pseudo-physically)' 만져보며 상호 작용함으로써 실감 있는 경험을 제공하기 위해 '햅틱스(haptics)' 분야에 관한 관심이 높아지는 추세다. 터치 기술을 이용하여 '촉각'을 자극하는 콘텐츠도 미래의 실감형 콘텐츠 유형으로 주목된다. 대표적으로 삼성전자의 '햅틱폰' 시리즈는 촉각 정보를 재현하는 햅틱스(haptics) 기술이 접목된 휴대폰을 의미한다.

〈그림 7-11〉 햅틱스의 사례-의료 분야

최근 국내에서는 '촉각 방송'을 구현하기 위한 햅틱스 기술을 개발하고 있다. 즉, 진동을 일으키는 장갑을 끼면 TV에 나오는 물체의 촉감을 느낄 수 있도록 하는 기술이다. 예를 들어, 시청자가 TV 홈쇼핑에서 판매하는 옷의 질감이나 냉장고 문을 열 때 드는 힘의 강도를 느낄 수 있도록 함으로써, 굳이 매장에 가지 않고도 마음에 드는 물건을 손쉽게 고를 수 있도록 하는 것이다.

(3) 소통형 콘텐츠

미래의 콘텐츠는 참여와 소통을 지향하며 진화할 것이다. 참여, 공유, 개방의 웹2.0 문화는 이 같은 소통형 콘텐츠에 대한 수요를 늘리고 있다.

페이스북의 창업자 마크 주커버그는 "사람들이 가장 관심을 갖는 것은 바로 다른 사람"이라는 생각을 갖고 세계적인 소셜 네트워크 서비스를 시작했다. 미래 콘텐츠의 키워드는 바로 소통이라는 점을 간파한 것이다.

대표적인 마이크로 블로그 '트위터(twitter.com)'는 SMS를 이용해 실시간으로 자신의 상태를 알리는 웹 서비스로 시작했다. 현재 트위터로 소통하는 유명인들과 이들을 따르는 이들(followers)이 빠르게 늘고 있다.

휴대폰의 SMS 글자수에 맞춘 영문 140자 이내의 짧은 글을 통해 PC가 아니라 휴대폰으로 통해 24시간 트위터를 사용하여 소통할 수 있도록 한 점이 특징이다. 휴대폰 SMS의 확산에 따라 짧은 글로 소통하는 것에 익숙해진 세대를 겨냥한 것이다. 이런 측면에서 SMS는 단순하지만 강력한 콘텐츠/애플리케이션이다. 평등한 소통 구조를 기반으로 하기 때문에 유명인들과 수평적으로 대화할 수 있다는 점은 위계 구조가 강한 국내에서 트위터가 인기를 얻는 요인 중 하나다.

위키피디어(Wikipedia)는 집단 지성을 근거로 하여 '만들어지고 있는' 웹

사전이다. 위키피디어의 콘텐츠는 자율적 협업의 작품인 동시에 끝없는 논쟁의 산물이다. 영어 버전의 경우 가장 최근의 조사 자료인 2006년 5월 기준으로 월 360만개의 글이 갱신되고, 하루 10만개 이상의 글이 수정된다. 글 하나당 평균 수정 횟수는 17.35회에 달한다. 서로 다른 견해를 갖고 있는 사람들이 글을 올리고, 수정하고, 삭제하는 과정을 반복하여 해당 주제의 글은 대부분의 사람들이 수긍할 수 있는 일정 수준을 유지하는 평형 상태(equilibrium)가 된다는 것이다.

〈그림 7-12〉 트위터 실제 웹사이트 초기 화면

웹툰은 기존의 만화와는 전혀 다른 제작과 유통 방식을 갖는 새로운 사업 영역으로 분류된다. 기존 만화의 전통을 대부분 수용한 인터넷 만화와도 근본적인 차이를 갖는다. 창작, 제작, 유통, 소비에 이르는 전 부분의 전통을 새롭게 만들어낸 것이기 때문이다. 포털사이트의 독자 작가 참여 공간이 네티즌들에게 인기를 끌면서, 독자 작가 가운데 정식 연재 기회를 갖는 사례도 나타나고 있다. 만화 문화의 참여와 양 방향성으로 진화하는 것이다.

하이퍼텍스트의 형태로 참여와 소통을 강조하기도 한다. UCC는 대표적인 소통형 콘텐츠로 종종 언급된다. 이용자들이 단순히 콘텐츠를 소비만 하는 것이 아니라 적극적으로 제작과 유통에 참여하면서 만들어진 콘텐츠 형태이기 때문이다. 최근 애플의 아이폰(iPhone)과 함께 등장한 앱스토어는 이 같은 소통형 콘텐츠의 중요성을 인지한 결과로 볼 수 있다.

콘텐츠의 유통을 넘어 콘텐츠의 소통이 중요한 시대로 넘어가고 있는 것이다. 구글맵 등의 온라인 지도 역시 개인들의 참여와 소통으로 진화한다.

실제로 구글맵은 구글의 자체 인력뿐만 아니라 전 세계의 네티즌이 직접 올리는 지역 정보를 기반으로 구축되고 있다.

7.5.3 콘텐츠의 융합

콘텐츠의 융합은 이종 콘텐츠 간의 융합과 콘텐츠-비콘텐츠 간의 융합으로 나누어 살펴볼 수 있다. 영화, 오락, 드라마, 광고, 게임 등 각각 구분되어 있던 콘텐츠 영역이 특히 오락적 요소를 중심으로 해서 융합되고 있는 추세다.

이 같은 융합은 비단 전통적인 콘텐츠 영역뿐만 아니라 교육, 헬스, 자동차를 비롯하여 비 콘텐츠 영역으로까지 확대되면서 새로운 형태의 융합형 콘텐츠를 만들어내고 있다.

<표 7-3> 콘텐츠 융합에 따른 콘텐츠 유형

구분	유형	설명	
이종 콘텐츠 간 융합	인포테인먼트	정보와 오락을 결합한 콘텐츠	
	머시니마	온라인 게임 리소스, 툴을 활용한 애니메이션 제작	
	텔레시네마	방송 (tele)과 극장(cinema) 상영을 겸한 새로운 장르	
	브랜디드 엔터테인먼트	콘텐츠 안에 브랜드 메시지를 담는 광고기법	
콘텐츠- 비 콘텐츠 융합	에듀테인먼트	교육과 오락이 결합된 콘텐츠	⇒ 기능성 게임
	헬스테인먼트	의료 및 보건과 오락이 결합된 콘텐츠	
	카 인포테인먼트	자동차와 정보, 오락이 결합된 콘텐츠	

(1) 이종 콘텐츠 간의 융합

디지털 융합은 콘텐츠의 탈장르화, 이종 콘텐츠 간의 융합을 가져온다.

이종 콘텐츠 간의 융합은 두 개 이상의 개체들이 상호 작용하면서 함께 진화하는 '공진화(co-evolution)'의 과정으로 이해할 수도 있다. 전통적인 콘텐츠 장르 즉, 영화·드라마·음악·게임·공연·문학 등의 경계가 모호해지면서, 이른바 인포테인먼트(정보+오락), 머시니마 등과 같은 퓨전 콘텐츠(fusion content)의 등장이 그 초기적 징후로 나타나는 것이다. 머시니마 (machinima)는 기계(machine), 영화(cinema), 애니메이션(animation)의 합성어로 게임을 통해 만들어진 영화 예술 장르를 가리키는 말이다.

일반적으로 특정 게임에 사용된 컴퓨터 그래픽스(CG) 기술이나 게임 엔진, 애니메이션 소프트웨어를 기반으로 만들어진 영화를 뜻한다. 전통적인 영화가 실존하는 배우 및 배경과 오랜 제작 기간 및 엄청난 부대 비용을 요구하는 단일 스토리인 반면, 머시니마는 3차원 CG 등 첨단 기법에 의해 배우와 배경이 사이버상으로 단기간 내에 형성되고 성우 더빙 등만 거치면 되므로 상대적으로 제작비 및 제작 기간이 적게 들 뿐만 아니라 멀티 스토리를 가질 수 있는 장점이 있다.

'인포테인먼트(Infortainment)'는 대표적인 퓨전 콘텐츠로서, 잘 알려진 바와 같이 정보(information)와 오락(entertainment)의 결합으로 만들어진 신조어로서 대표적인 이종 콘텐츠 간의 융합이다. 방송 프로그램의 경우, 오락 프로그램은 물론이고 교양 프로그램에서도 오락적 요소가 강조되고 있는 추세다.

'비타민'이나 '스펀지' 등은 오락 프로그램의 포맷을 기반으로 건강 정보 및 생활 정보를 제공하는 형태의 방송 프로그램으로 각광받았다. 또한 만화에서도 '신의 물방울', '식객' 등을 비롯한 각각 음식과 와인에 관한 유용한 정보를 담고 있는 인포테인먼트 만화가 인기를 끌었다.

한편, 전시, 홍보 분야의 콘텐츠에서도 인포테인먼트 요소를 발견할 수 있다. 비빔밥 홍보를 위한 퍼포먼스 공연 '비밥 코리아'는 세계 유명 페스티벌 및 해외 이벤트에서 상시 공연할 수 있는 독립 공연물로 제작되어 비보잉, 비트박스 등 다양한 볼거리를 갖춘 인포테인먼트 콘텐츠로 구성되었다. 또, 전시와 구매 등 정보 전달에 치중했던 기존의 박람회에 '놀이'를 즐기는 젊은 세대의 구미에 맞는 엔터테인먼트 요소 추가한 인포테인먼트형 박람회도 증가하고 있다.

(2) 콘텐츠와 비 콘텐츠 간의 융합

콘텐츠의 융합은 비단 콘텐츠 영역에서만 나타나는 것이 아니라, 의료·교육 등 콘텐츠 외의 다른 영역으로까지 확대되고 있다. 콘텐츠의 디지털화 및 융합은 기존의 콘텐츠 산업뿐만 아니라 거의 모든 산업 영역 및 공공 서비스 부문까지 확대되고 있다. 콘텐츠와 비 콘텐츠 간의 융합은 주로 게임 요소를 포함한 기능성 게임(serious game)에서 살펴볼 수 있다.

기능성 게임이란 건강·의료, 교육, 사회적 사안에 대한 관심 제고, 행동 변화 유발, 각종 업무 등 다양한 목적을 효율적으로 수행하거나 이에 대한 동기를 부여한다는 의도된 효과를 구현하기 위해 게임의 요소를 이용해 디자인된 시스템을 의미한다. 순수한 엔터테인먼트 외에 방위, 교육, 과학적 탐사, 보건, 위기 관리, 도시설계, 엔지니어링 등 사회에 도움이 되는 '재미+α'를 목적으로 하는 것이다. 닌텐도의 '위 피트(Wii Fit)'나 스크린 골프 등이 이 같은 기능성 게임에 해당된다고 할 수 있다.

기능성 게임이 가장 활발한 분야는 교육으로서 '에듀테인먼트(Edutainment)'라는 신조어까지 등장할 정도로 활성화되고 있다. 초기에는 교과서를 단순히 그래픽으로 전환시키는데 그쳐 큰 성과를 거두지 못했으나, 최근에는 MMORPG 등의 게임 요소를 적극적으로 활용하여 디지털 네이티브에 적합한 교육 방식을 시도하고 있다. 닌텐도 DS의 두뇌 트레이닝이나 온라인 게임 형식의 한자 학습 게임 '한자마루' 등이 여기에 해당된다.

〈그림 7-13〉 에듀테인먼트의 사례

　의학적 요소를 가미한 '메디테인먼트(Meditainment)' 게임 콘텐츠도 주목을 받고 있다. 닌텐도 DS는 고령화로 인한 치매나 건망증 등을 예방하기 위한 두뇌 훈련 도구로 인정받고 있으며, 닌텐도 위(Wii)의 경우 뇌경색 환자나 척추 부상 환자의 재활 치료 보조 기구로 활용되기도 한다.

　치료에 대한 불안을 완화하고 치료 효과에 대해 확신을 갖도록 하기 위해 게임 요소를 가미한 기능성 의료 게임과 의료진의 교육과 질병 관리 및 치료를 위한 게임이 대부분이다. '리-미션(Re-Mission)'은 항암제의 치료 효과에 대해 교육하는 게임으로서, 게임에 이기기 위해서는 항암제와 항생제를 복용해야 하고 긴장 이완 요법 등을 사용하도록 구성되어 있다.

비영리 연구소인 호프랩이 개발한 질병 극복 게임으로서, 만성 질환을 앓고 있는 어린이와 청소년의 건강을 향상시키기 위해 만들어졌다.

미국과 캐나다의 34개 의료 기관에 있는 13세에서 29세 사이의 암환자 375명을 대상으로 실험을 실시한 결과, 리미션 게임을 한 환자들은 질병에 대한 이해와 자신감이 늘었으며, 게임을 통해 치료 효과를 확인한 아이들은 꼬박꼬박 약을 챙겨먹게 되었다.

〈그림 7-14〉 메디테인먼트의 사례

스포츠 분야에서도 기능성 게임이 빠르게 상업화 되고 있다. 닌텐도의 '위 스포츠(Wii Sports)'와 '위 피트(Wii Fit)'는 상업적 성공을 거둔 기능성 스포츠 게임이다. '엑서바이크(eXerBike)'처럼 자전거, 러닝 머신 등 실제 운동 기구에 연동시켜 현실과 똑같은 운동을 할 수 있도록 한 게임들도 등장했다.

실제로는 스포츠를 즐기기 어려운 장애인 등이 스포츠를 즐기면서 재활 효과도 줄 수 있는 기능성 스포츠 게임도 있다. 스크린 골프는 시간과 장소의 제약이 따르는 골프를 도심에서 즐길 수 있도록 하는 동시에 훈련용으로도 이미 널리 활용되고 있다.

〈그림 7-15〉 기능성게임의 예

참고문헌

[1] 한국 콘텐츠 진흥원, "문화기술(CT)심층 리포트 - 체감형 기술 및 콘텐츠의 현황과 전망", 2010.6.

[2] 문화체육 관광부, "미디어 환경 변화에 따른 콘텐츠 산업 전망과 정책 과제", 2010.1

[3] KOCCA 연구보고서, 2014 1 분기 콘텐츠 산업 동향 분석 보고서, 2014.6.

[4] 양광호, 김현빈, "디지털 콘텐츠 기술 동향 및 발전 전망", ETRI 디지털 콘텐츠연구단, TTA저널 제96호

[5] 이현우 외 5명, "세계 주요국의 콘텐츠 산업 분류 체계와 통계조사현황", 코카포커스, 2014.10.15

[6] 3D 프린터 기초편, http://story.pxd.co.kr/810#2-0

[7] 콘텐츠를 움직이는 기술 3D 프린팅, 10월의 콘텐츠 인사이트, http://koreancontent.kr/2102

[8] 창조경제와 한국의 3D 프린터콘텐츠산업, http://blog.chosun.com/blog.log.view.screen?logId=7579840&userId=eeirdo02

[9] 2015년 지구의 큰 기술이야기, http://www.stuff.tv/ces-2015/ces-2015-what-expect-best-gadgets-and-tech/feature

[10] 3D 입체 콘텐츠 제작기술 동향, 2010. 07. 2호

[11] 문화콘텐츠강국을 향한 치열한 각축전 (문화콘텐츠란 무엇인가, 2006.2.28, ㈜살림출판사)

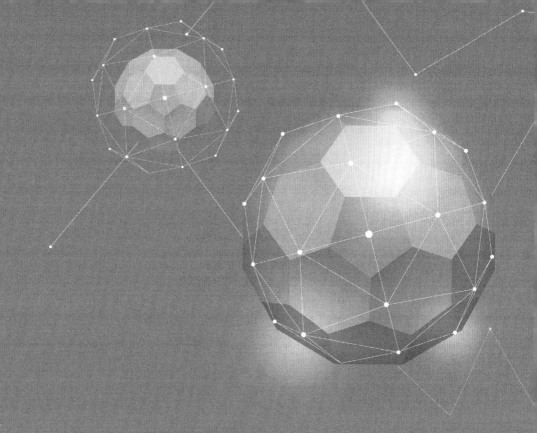

INDEX

IT 융합 과학 기술

1판 1쇄 발행   2015년 06월 10일
1판 2쇄 발행   2020년 03월 04일
저   자 장승주
발 행 인 이범만
발 행 처 **21세기사** (제406-00015호)
　　　　　경기도 파주시 산남로 72-16 (10882)
　　　　　Tel. 031-942-7861   Fax. 031-942-7864
　　　　　E-mail : 21cbook@naver.com
　　　　　Home-page : www.21cbook.co.kr
　　　　　ISBN 978-89-8468-581-9

정가 16,000원